CB061214

(NÃO) CRIMINALIZAÇÃO DA HOMOFOBIA

Conselho Editorial
André Luís Callegari
Carlos Alberto Molinaro
César Landa Arroyo
Daniel Francisco Mitidiero
Darci Guimarães Ribeiro
Draiton Gonzaga de Souza
Elaine Harzheim Macedo
Eugênio Facchini Neto
Gabrielle Bezerra Sales Sarlet
Giovani Agostini Saavedra
Ingo Wolfgang Sarlet
José Antonio Montilla Martos
Jose Luiz Bolzan de Morais
José Maria Porras Ramirez
José Maria Rosa Tesheiner
Leandro Paulsen
Lenio Luiz Streck
Miguel Àngel Presno Linera
Paulo Antônio Caliendo Velloso da Silveira
Paulo Mota Pinto

Dados Internacionais de Catalogação na Publicação (CIP)

W473n   Wendt, Valquiria P. Cirolini.
       (Não) criminalização da homofobia / Valquiria P. Cirolini Wendt. – Porto Alegre : Livraria do Advogado, 2018.
       154 p. ; 23 cm.
       Inclui bibliografia e anexos.
       ISBN 978-85-9590-005-9

       1. Homicídio. 2. Direito penal. 3. Homofobia. 4. Direitos humanos. 5. LGBT. 6. Movimentos sociais. 7. Criminalização. I. Título.

CDU 343.611
CDD 345.0252

Índice para catálogo sistemático:
1. Homicídio   343.611

(Bibliotecária responsável: Sabrina Leal Araujo – CRB 10/1507)

Valquiria P. Cirolini Wendt

(NÃO) CRIMINALIZAÇÃO DA HOMOFOBIA

livraria
DO ADVOGADO
editora

Porto Alegre, 2018

© Valquiria P. Cirolini Wendt, 2018

(Edição finalizada em setembro/2017)

Capa, projeto gráfico e diagramação
Livraria do Advogado Editora

Revisão
Rosane Marques Borba

Direitos desta edição reservados por
Livraria do Advogado Editora Ltda.
Rua Riachuelo, 1300
90010-273 Porto Alegre RS
Fone: 0800-51-7522
editora@livrariadoadvogado.com.br
www.doadvogado.com.br

Impresso no Brasil / Printed in Brazil

"O medo é uma força muito mais dominante no comportamento humano do que a euforia."

Alan Greenspan (2013)

Agradeço à Professora Doutora Renata Almeida da Costa, amiga e orientadora no Mestrado (Direito e Sociedade da Universidade LaSalle Canoas), pois esteve presente em momentos de indecisão, inseguranças e dúvidas. De forma atenciosa, mas firme, orientou-me e mostrou que eu era capaz, incentivando-me a seguir em frente.

Também agradeço ao Professor Doutor Daniel Achutti, meu coorientador por seus ensinamentos e contribuições nesse caminho.

A todo o corpo docente do Mestrado em Direito da Universidade LaSalle Canoas, meu muito obrigado, pois todos, de alguma forma, participaram e influenciaram no meu aprendizado.

Às turmas do Mestrado, em especial à primeira e à segunda (a minha), de onde levo para a vida, mais do que apenas colegas, mas amigas e amigos muito especiais.

Durante o período do Mestrado, precisei adequar os meus horários de trabalho em razão dos compromissos com o programa de Mestrado e, por isso, faço um agradecimento muito especial aos chefes e às chefes que me permitiram fazer isso: Delegado Marcos Coelho Gonçalves Meirelles, Delegada Greta Moura Anzanello, Delegada Cristiane Pasche e Delegado Cristiano Fiolic Alvarez. E, também, pela compreensão das (os) colegas de trabalho Carol, Fabi, Marcos, Antochevis, Fraga e Aderli.

Também sou muita grata aos Delegados, aos Escrivães e Inspetores de Polícia que auxiliaram, direta ou indiretamente, para que eu pudesse realizar a pesquisa empírica que faz parte desta obra.

Às minhas amigas e amigos que sempre estiveram e permaneceram ao meu lado, agradeço a torcida.

Aos meus pais, Mauro e Ivani, obrigado por todos os esforços que fizeram para me proporcionar o acesso à educação e que, mesmo distante fisicamente, quero que saibam que estão sempre em meus pensamentos, assim como meus irmãos, Marcio e Marciano.

E o agradecimento mais importante que faço é para minha família, Emerson, Luiz Augusto e Anna Vitória. O apoio, incentivo e paciência de vocês foram fundamentais para que eu chegasse ao final deste estudo. Amo vocês!!

Prefácio

Foi com muita alegria que recebi o convite da Mestre em Direito Valquíria Cirolini Wendt para prefaciar a sua primeira obra. Logo eu, que tanta escrita exigi dela. Nos vinte e quatro meses em que convivemos, por conta do processo de orientação de sua dissertação de Mestrado, encontrei sempre uma pesquisadora interessada, questionadora e absolutamente focada em seu trabalho. Ela também foi boa ouvinte, exemplar interlocutora e ávida leitora.

A defesa de sua Dissertação de Mestrado em fevereiro de 2017 e a publicação deste livro nos meses seguintes comprovam a qualidade do que se produziu e a atualidade do tema. A preocupação com a temática da homofobia e da aplicação do Direito Penal levou a autora a campo. A experimentação empírica – desafio e exigência do Programa de Pós-Graduação em Direito da Universidade La Salle – fez mais do que aproximar a teoria da prática. Possibilitou fugir do senso comum teórico e permitiu à pesquisadora experimentar outro papel: o de observadora de segunda ordem.

Nesse sentido, o caminho trilhado pela Valquíria pesquisadora foi diferente daquele tão esperado na contemporaneidade: o da militância pelo punitivismo. Adotar um posicionamento minimalista e não criminalizador da "homofobia" exigiu coragem e técnica para, em uma linguagem sociológica, descrever o descrito e observar o observado. Isto é, foi preciso romper com premissas estabelecidas quanto ao objeto e quanto às práticas relacionadas ao objeto a fim de realizar uma observação não tradicional da temática da homofobia.

Quando observa o observador, Valquíria analisa comportamentos e comunicações exaradas por agentes da segurança pública (policiais civis) em relação às ocorrências envolvendo homossexuais. Quando descreve o descrito, Valquíria se debruça sobre inquéritos policiais, sistemas de registro de ocorrências, notícias jornalísticas e bibliografia especializada.

Desse modo, pode a autora questionar a necessidade de criação de uma nova tipologia penal a partir de reclames dos movimentos sociais. Tarefa muito árdua, penso eu. Principalmente na temporalidade que experimentamos. Mas, rompendo também com as expectativas deste tempo, alcança – com sucesso – a virtude maior de um pesquisador: duvidar.

Questionando dados oficiais e não oficiais sobre o homicídio de homossexuais, a autora galga a crítica sobre o que se descreve e se apregoa quanto à matéria. Faz, assim, ciência. Opta, pois, por essa análise empírica para inaugurar, tanto o trabalho de conclusão do Mestrado quanto este livro.

Acredito que, com mais essa atitude, a autora é bem-sucedida. Rompe, aqui também, com a tradição que impera nos escritos acadêmico-jurídicos. O enfadonho capítulo sobre os princípios do Direito e/ou o remonte (malfeito) da história do Direito Penal, aqui não tem vez. É assumida uma postura típica dos escritos sociológicos. Inicia o trabalho descrevendo o problema, a metodologia, o caso de estudo.

Valquíria mergulha no assunto, ao passo que o analisa, também, sob a perspectiva dos movimentos sociais. Busca perquirir a influência dos mesmos nas narrativas sobre a violência contra os homossexuais e a construção de estatística sobre isso. Desse jeito, constrói o segundo capítulo.

Influenciada pelas leituras realizadas no curso de Pós-Graduação, a autora contextualiza o assunto sob a égide da cultura do medo, do poder da mídia e da necessidade ou não de mais uma criminalização. Posicionando-se contrariamente à expansão do Direito Penal, revela ter alcançado maturidade acadêmica e funcional.

Eis minha segunda orientanda de Mestrando fincando o pé na academia – quanto orgulho! Ei-la autora e pensadora. Ei-la amiga e colega. Que a leitura deste seu primeiro livro conduza à reflexão e à racionalidade. Ações necessárias para o enfrentamento das complexas questões deste tempo, tão bem exercidas pela Valquíria Cirolini Wendt.

Universidade La Salle, veranico de 2017.

Renata Almeida da Costa

Sumário

Lista de siglas e abreviaturas..15

Apresentação – *Dani Rudnicki*..17

1. Introdução..25
2. Oficiais *x* não oficiais: levantamento empírico sobre os homicídios de LGBT..29
   2.1. Objetivos do estudo...32
   2.2. Metodologia aplicada para elaboração do estudo.....................32
   2.3. Instrumentos de pesquisa e objetivos visados..........................34
   2.4. Amplitude da coleta de dados e resultados alcançados..........36
      2.4.1. Dos dados dos inquéritos policiais......................................36
      2.4.2. Dos dados das entrevistas com os policiais civis..............45
   2.5. Análises dos dados coletados: oficiais *x* não oficiais.............53
3. Os movimentos sociais e os direitos LGBT....................................59
   3.1. Os novos movimentos sociais...66
   3.2. A Revolta de Stonewall – o marco do movimento homossexual internacional...69
   3.3. Sociedade brasileira nos anos 70 e o surgimento do movimento social homossexual no Brasil..71
      3.3.1. Parada do Orgulho Gay: lemas e símbolos.......................76
   3.4. O que é ser sexualmente normal e anormal?............................84
      3.4.1. Homossexualidade como "terceiro gênero"......................86
4. A criminalização da homofobia..91
   4.1. Cultura do medo e mídia: produção de verdades?..................98
   4.2. O medo e o expansionismo penal...109
   4.3. O Direito Penal Mínimo e (a ampliação da) intervenção penal..............111
   4.4. A Criminalização da homofobia sob a perspectiva do Direito Penal Mínimo...114
5. Considerações finais..121

Referências..129

Apêndice A – TERMO DE CONSENTIMENTO LIVRE E ESCLARECIDO......................137

Apêndice B – ROTEIRO PARA ENTREVISTA SEMIESTRUTURADA........................139

Anexo A – BRASIL ESTÁ ENFRENTANDO UMA EPIDEMIA DE VIOLÊNCIA
HOMOFÓBICA..140

Anexo B – COM AVANÇO DOS DIREITOS, VIOLÊNCIA CONTRA GAYS NÃO CAI
DOS CINCO ESTADOS MAIS VIOLENTOS, QUATRO RECONHECEM
CASAMENTO HOMOAFETIVO...145

Anexo C – A CADA 28 HORAS, UM HOMOSSEXUAL MORRE DE FORMA VIOLENTA
NO BRASIL..147

Anexo D – LÉSBICAS, GAYS, BISSEXUAIS, TRAVESTIS E TRANSEXUAIS DE TODO O
PAÍS SE REUNIRAM PARA PEDIR RESPEITO PELA DIVERSIDADE............148

Anexo E – HOMOFOBIA MOTIVOU UM ASSASSINATO A CADA 27 HORAS
EM 2014 NO BRASIL..150

Anexo F – 318 LGBTS FORAM MORTOS EM 2015 NO BRASIL E VOCÊ TAMBÉM É
RESPONSÁVEL POR ISSO...153

Sumário (gráficos, tabelas e figuras)

Gráfico 1 – Percentual de homicídios de vítimas LGBT em relação ao total de 177 casos apurados (2013-2015)..37
Tabela 1 – Dados sobre as vítimas dos 08 (oito) inquéritos policiais selecionados para a pesquisa empírica...37
Gráfico 2 – Percentual em relação ao sexo e orientação sexual/identidade de gênero da vítima..38
Gráfico 3 – Percentual com relação ao estado civil das vítimas.........................38
Gráfico 4 – Percentual em relação à cor de pele das vítimas............................38
Gráfico 5 – Faixa etária das vítimas..38
Gráfico 6 – Grau de escolaridade das vítimas...39
Gráfico 7 – Profissão das vítimas...39
Tabela 2 – Dados sobre o local onde ocorreram os homicídios investigados nos 8 (oito) inquéritos policiais selecionados para a pesquisa empírica.....39
Gráfico 8 – Percentual em relação ao local do fato....................................40
Tabela 3 – Dados sobre o instrumento utilizado para matar a vítima nesses 8 (oito) inquéritos policiais selecionados para a pesquisa empírica.....40
Gráfico 9 – Instrumento utilizado para a prática do homicídio........................41
Tabela 4 – Dados sobre data e horário que ocorreram os fatos investigados nos 8 (oito) inquéritos policiais selecionados para a pesquisa empírica.....41
Gráfico 10 – Referente ao mês de ocorrência do fato (2013-2015).......................42
Gráfico 11 – Referente ao dia da semana de ocorrência do homicídio (2013-2015)...42
Gráfico 12 – Em relação ao horário que ocorreu o fato (2013-2015)....................42
Tabela 5 – Dados sobre a autoria, motivação, se houve indiciamento e a relação vítima e autor nos 8 (oito) inquéritos policiais selecionados para a pesquisa empírica..43
Gráfico 13 – Relação entre vítima e autor (2013-2015)................................44
Gráfico 14 – Motivação apurada nos autos para homicídio (2013-2015).............44
Tabela 6 – Sobre a percepção do entrevistado a respeito da sigla LGBT.............46
Tabela 7 – Sobre a percepção do entrevistado quanto à investigação policial do crime de homicídio envolvendo vítimas com orientação sexual/identidade de gênero LGBT...46
Figura 1 – Formulário a ser preenchido no momento do registro de uma ocorrência policial...51

Figura 2 – Parte do documento de registro de ocorrência policial que será impresso............51
Tabela 8 – A percepção do entrevistado sobre a motivação para o crime de homicídio envolvendo vítimas com orientação sexual ou identidade de gênero LGBT............52
Tabela 9 – Números de casos de homicídios contra LGBT indicados pelo Grupo Gay da Bahia............54
Gráfico 15 – Homicídios de LGBT no Brasil............54
Gráfico 16 – Homicídios de LGBT no Rio Grande do Sul............54
Gráfico 17 – Homicídios de LGBT em Porto Alegre............54
Tabela 10 – Números de casos de homicídios com vítimas LGBT ocorridos em Porto Alegre indicados nos relatórios do Grupo Gay da Bahia e os identificados na pesquisa empírica............56
Tabela 11 – Números de casos de homicídios ocorridos no Rio Grande do Sul e em Porto Alegre nos anos de 2013, 2014 e 2015............56
Gráfico 18 – Números de casos de homicídios ocorridos no Rio Grande do Sul e Porto Alegre nos anos de 2013, 2014 e 2015............56
Figura 3 – Capa edição zero do jornal LAMPIÃO............74
Figura 4 – Editorial da edição zero do jornal LAMPIÃO............74
Figura 5 – Bandeira arco-íris do movimento LGBT............78
Figura 6 – Foto da modelo transexual Viviany Beleboni em protesto na Parada do Orgulho Gay de São Paulo no ano de 2015............80

Lista de siglas e abreviaturas

ABGLT...........Associação Brasileira de Gays, Lésbicas e Travestis
ADPF............Arguição de Descumprimento de Preceito Fundamental
AIDS............Síndrome da Imunidade Adquirida (*acquiredim munodeficiency syndrome*)
APOGLBT.......Associação da Parada do Orgulho GLBT São Paulo
CID.............Classificação Internacional de Doenças
CNS.............Conselho Nacional de Saúde
CSI.............Sistema Consultas Integradas
DEIC............Departamento Estadual de Investigações Criminais
DPHPP..........Delegacia de Polícia de Homicídios e Proteção à Pessoa
DHPP...........Departamento Estadual de Homicídios e Proteção à Pessoa
GGB.............Grupo Gay da Bahia
IGLHRC.........Comissão Internacional de Direitos Humanos de Gays e Lésbicas
ILGA............International Lesbian and Gay Association
IP..............Inquérito Policial
LBL.............Liga Brasileira de Lésbicas
LGBT............Lésbicas, Gays, Bissexuais, Travestis, Transexuais e Transgêneros
MHB.............Movimento Brasileiro Homossexual
OCR.............Sistema de Registro de Ocorrências
OMS.............Organização Mundial da Saúde
ONG.............Organização Não Governamental
PGFN...........Procuradoria-Geral da Fazenda Nacional
PLC.............Projeto de Lei da Câmara
PT..............Partido dos Trabalhadores
RS..............Rio Grande do Sul
SDH.............Secretaria de Direitos Humanos
SOMOS..........Comunicação, Saúde e Sexualidade (Grupo de Afirmação Homossexual)
SP..............São Paulo
SSP.............Secretaria de Segurança Pública
STF.............Supremo Tribunal Federal
TMR.............Teoria da Mobilização de Recursos
TPP.............Teoria do Processo Político
UNILASALLE....Centro Universitário La Salle

Apresentação

Pelo não uso do direito penal na defesa dos
direitos humanos

Dani Rudnicki
Doutor em Sociologia pela Universidade Federal do Rio
Grande do Sul. Professor de Direito Penal e Criminologia
no PPGD do Centro Universitário Ritter dos Reis –
Laureate International Universities. Conselheiro do
Movimento de Justiça e Direitos Humanos do
Rio Grande do Sul. Advogado. <danirud@hotmail.com>

Os direitos humanos são frequentemente vilipendiados: "Só defendem bandidos", ouvem os militantes; "só dificultam a vida da polícia", falam os que não querem respeitar os direitos dos demais cidadãos. Mas a verdade é que, no artigo 12 da Declaração dos Direitos Humanos de 1789, se lê: "A garantia dos direitos do homem e do cidadão necessita de uma força pública. Esta força é, pois, instituída para fruição por todos, e não para utilidade particular daqueles a quem é confiada.". Muito se aprende nessas duas linhas, e o trabalho de Valquiria P. Cirolini Wendt, além de corajoso e escrito com senso crítico e competência, permite sobre tal refletir.

O seu título introduz melhor do que muitas palavras o tema abordado: "(Não) Criminalização da Homofobia". Mas como assim? Como não criminalizar uma conduta indefensável? Como não punir o preconceito? Como não prender os culpados? As questões são complexas e, portanto, também as respostas. Valquiria estuda o problema e verifica qual a resposta mais efetiva e mais conforme aos direitos humanos. Não a mais simples ou a mais na moda, a mais solicitada pela "opinião pública", a mais politicamente correta. Ela busca a mais adequada.

Para muitos, isso deve soar estranho, pois como uma policial não pretende a todos (criminosos) prender?

É que a polícia é uma força para todos, necessária para estabelecer o controle social, para garantir a vida em sociedade. Todavia, no Brasil do século XXI, quando se parece ter regredido a um tempo em que as verdades são inquestionáveis (e a verdade é sempre a minha opinião) e poucos querem escutar os outros, pensar visualizando um contexto maior, refletir sobre o todo, parece, para o senso comum, estranho. A representação e o simbólico resolvem os anseios de todos, mesmo que sejam tigres de papel e pouco resolvam sobre as questões postas na vida em sociedade.

O trabalho de Valquiria foge das facilidades. Desmonta estereótipos e ideias simplistas. Ele ressalta a reivindicação de movimentos sociais LGBT a fim de criminalizar a homofobia no Brasil e pergunta "se a criminalização da conduta dos autores de crime de homicídios contra pessoas LGBT é a estratégia adequada de proteção contra a violência em razão da discriminação de caráter sexual".

Para tal, parte de extensa e bem trabalhada bibliografia que percorre desde a documentação oficial disponível sobre o tema, até a sociologia de Beck, Becker, Bauman, Giddens, Habermas, Luhmann e Touraine e as obras de consagrados juristas sobre o papel do direito penal na contemporaneidade (Ferrajoli, Juarez Cirino dos Santos, Luiz Luisi, Nilo Batista e Zaffaroni). Sem esquecer outras, sobre movimentos sociais (Wolkmer) e direitos sexuais (Borillo, Butler, Fry, Macrae, Green, Rios). Destaque-se ainda o bom manejo que realiza de dados obtidos na Polícia Civil do Rio Grande do Sul.

Assim, desenvolve seu trabalho verificando que, no Brasil, acontecem muitos crimes possuindo como vítimas pessoas com orientação sexual ou identidade de gênero LGBT. Constrói dados a partir de documentos oficiais registrando casos de homicídios na cidade de Porto Alegre, no período compreendido entre 2013 e 2015, e determina, na medida do possível, os motivos deste crime, para verificar se entre as razões estão o preconceito e o ódio.

É, pois, um trabalho empírico, que se realiza através da coleta de dados em procedimentos policiais ocorridos na cidade de Porto Alegre e entrevistas com policiais civis. Cabe aqui um parêntese para reconhecer e elogiar o PPGD do Unilasalle que, incentivando seus mestrandos a realizarem trabalhos empíricos, vem proporcionando à comunidade gaúcha dissertações comprometidas com a realidade do estado e do país, que se mostram extremamente úteis como fontes jurídicas e que, se devidamente aproveitadas por gestores e políticos, podem tornar-se também instrumento para implementação de políticas públicas nas suas respectivas áreas.

Assim, a dissertação de Valquiria realiza análise dedutiva, partindo de dados relativos aos casos de homicídios envolvendo lésbicas, gays, bissexuais, travestis e transexuais como vítimas (dados divulgados pelo Grupo Gay da Bahia (GGB)) que são confrontados com os da 2ª Delegacia de Polícia de Homicídios e de Proteção à Pessoa (DPHPP) de Porto Alegre.

Percebe a pesquisadora que, entre os anos de 2013 e 2015, foram instaurados 177 inquéritos policiais na 2ª DPHPP para investigar homicídios consumados; desses, oito possuíam, com certeza, como vítimas, pessoas LGBT (mais do que os cinco casos apontados pelo GGB). Ponto para Valquiria: ainda que faltem dados oficiais sobre o tema, alcançou identificar e estudar número de eventos que supera o apontado por organizações que monitoram o tema.

Identficou a idade, sexo, estado civil, cor, grau de instrução, profissão e identidade de gênero e/ou orientação sexual das vítimas (quatro eram gays, duas travestis, uma transexual e uma lésbica; a maioria das vítimas era branca (62,50%). Dentre os dados mais relevantes estão os que mostram que metade dos casos ocorreu na própria residência da vítima, e o autor era uma pessoa conhecida. Em relação à causa apontada pelo autor do fato, situa-se entre motivação passional, não pagamento de programa sexual, roubar bens da vítima, disputa por ponto de prostituição.

A análise de Valquiria vai mais fundo: busca reconhecer o tipo de arma ou instrumento utilizado para a prática do crime (a maioria foi arma branca (faca) ou objeto de pedra ou madeira); refere até mesmo aos horários, dias da semana e meses em que os crimes acontecem.

Depois, ainda entrevista seis policiais civis que participaram das investigações a fim de aprofundar ela própria sua pesquisa: quais as causas desses crimes? Quando a vítima é LGBT, essa informação importa para a investigação? Uma nova lei criminalizadora evitaria que acontecessem? Quando a vítima é LGBT, existe orientação ou pressão para que essa informação não esteja no inquérito policial? Há nos formulários de registro de ocorrência policial campo específico para informar sobre a orientação sexual da vítima?

O detalhamento dessa investigação os leitores encontrarão no próprio texto. A nós interessa destacar a coragem de Valquíria em apresentar os dados e discuti-los; compará-los com as teorias penais contemporâneas e com os discursos de ONGs. Interessa, pois, lembrar que, hoje, as modernas escolas penais ou criminológicas compõem um espectro que vai das teorias de extrema direita do direito penal do inimigo e do direitista movimento de lei e ordem até perspectivas de esquerda, como o garantismo, o minimalismo e o abolicionismo anarquista.

Devemos lembrar que todas as escolas estão presentes em nosso sistema penal, concomitantemente. O direito penal do inimigo aparece nas prisões temporárias ou provisórias, que restringem a liberdade de pessoas sem condenação e no regime disciplinar diferenciado; o abolicionismo na utilização, ainda que experimental, da justiça restaurativa. Em regra, usa o legislador de teorias menos radicais: em alguns momentos cria leis que buscam um direito penal máximo e em outros, que buscam descriminalizar ou despenalizar. Podemos, de forma quase simplória, dizer que as ideias de teóricos de direita buscam aumentar a intervenção do estado na esfera penal, e as de esquerda, reduzi-la.

Porém, muitas ONGs, comprometidas com pensamentos de esquerda, como as de direitos humanos, as feministas, os ecologistas, os que defendem o fim da discriminação racial e por orientação de gênero, reclamam, quando confrontados com seus "inimigos", a criminalização das condutas contrárias ao que defendem. Esquecem, que, no mínimo, o direito penal deve ser a *ultima ratio* do sistema. Mas como bem revela a autora, "[...] os movimentos sociais LGBT procuram o direito penal como o único ou o melhor meio de solucionar questões relacionadas ao preconceito e discriminação, em especial, no que se refere à violência física".

Resultado: direito penal simbólico; inflação legislativa. Afinal, como ela demonstra, os crimes que atingem os homossexuais não decorrem de homofobia. Valquiria aponta, com firmeza e certeza: "Deste modo, a hipótese lançada e afirmada ainda no projeto de pesquisa – 'a orientação sexual é motivo/causa para vitimização nos casos de homicídios' – não se confirmou frente aos dados empíricos coletados e avaliados.".

Mas as lições dos que pretendem um direito penal menos seletivo e mais preparado para a defesa de todos levam a diminuir cada vez mais a intervenção do sistema penal. A criminalização de quem mata negros, mulheres, idosos e gays está contida na proposição mais simples do Código Penal: "Matar alguém: Pena – reclusão, de seis a vinte anos.". Sendo nós todos, como afirma a Constituição, iguais, não haveríamos de criar distinções (e crimes) desnecessários. Não há razão plausível para diferenciar homicídio por razões diversas, todos são essencialmente crimes contra a vida e por isso, mais do que por qualquer outro motivo, devemos buscar com que não aconteçam. Não outra é a lição de Valquiria, pautada em suas conclusões ("no que se refere à motivação, a pesquisa apontou que nos oito casos identificados com vítimas pessoas da comunidade LGBT, em nenhum deles a motivação apurada nas investigações policiais foi em razão do preconceito e discriminação pela sexualidade da vítima."):

> Por fim, considerando que já há previsão de lei penal protegendo bens jurídicos como a vida, a integridade corporal, a segurança, a liberdade etc., a defesa da criminalização da homofobia, dentro dos moldes propostos até o momento pelos movimentos sociais LGBT, legitima o discurso de uma maior intervenção do Estado penal, através de uma ampliação legislativa e aumento de penas, confrontando, portanto, com os fundamentos do Estado de Direito e do Direito Penal Mínimo, pautados no princípio da intervenção penal mínima do Estado e no respeito às garantias constitucionais e processuais penais.

A solução apontada pelos movimentos sociais LGBT não surge como a mais adequada. Assim como pudemos apontar em recente trabalho, a criminalização sempre termina por atingir o mesmo público: o das pessoas mais débeis. No caso da Lei Maria da Penha, por exemplo, somente ficam presos os homens que não possuem condições financeiras de pagar a fiança:

> [...] dos 254 (do total de 287) flagrantes acompanhados pela Defensoria Pública do Estado, apenas 33 (14,56%) dos assistidos conseguiram adimplir os valores fixados e evitar o encaminhamento para o Presídio Central de Porto Alegre. Os demais 85,44% tiveram de viver o amargume da vida na prisão. [...] 85,44% dos presos em flagrante [...] são pessoas pobres [sem acesso] a dinheiro, mesmo para garantir a própria liberdade.*

Os pobres acabam presos. Todavia, alguns grupos feministas consideram os artigos criminalizadores da Maria da Penha adequados, embora apenas se apliquem contra os pobres.

Sobre isso, reconhecendo a legitimidade da comunidade LGBT em exigir respeito pelos seus direitos, e pregando o uso de uma concepção minimalista do direito penal, escreveu Valquiria:

> No contexto sociocultural contemporâneo, em que vige a sensação de insegurança e a produção do medo que a gera, é fundamental que se discutam medidas alternativas adequadas que não necessariamente a geração de novos tipos penais ou o incremento dos já existentes.

* RUDNICKI, Dani; BRUM, Silvia Pinheiro de. Quem é o homem preso por violência doméstica em Porto Alegre? In: SANTOS, José Vicente Tavares dos et al. *Violências e mundialização*: políticas, polícias e penas. Porto Alegre: Tomo, 2016. p. 187-198.

Fecha-se o círculo: a policial que vive no mundo acadêmico verifica que o uso do sistema penal não é a redenção de todos os problemas. A policial não pretende a todos prender. Ela busca evitar o crime de forma mais efetiva e menos traumática para a sociedade, criminosos, vítimas e familiares. Encarcerar e esquecer não resolve a questão. É preciso evitar que aconteça o fato delituoso, resolvê-lo efetivamente, e não de forma simbólica.

A polícia é para todos: criminosos, vítimas, familiares e sociedade. A dissertação de Valquiria, repetimos, desmonta estereótipos e ideias simplistas. Ela se propôs a analisar um assunto polêmico e o fez com precisão, com fundamentação. O movimento LGBT precisa refletir sobre o que pretende; assim como os de defesa dos direitos humanos, das mulheres, do meio ambiente, dos que defendem o fim da discriminação racial.

A criminalização de condutas não resolve a questão; pune, simplesmente. Atua simbolicamente. Não resolve, não evita que novos fatos aconteçam no futuro. O uso do direito penal não é estratégia adequada de proteção contra a violência em razão do preconceito e da discriminação.

Uma sociedade mais justa não se constrói com prisões, mas com educação e cultura. Uma sociedade mais justa não se forma em dois ou três anos, não é obra de um governo. Uma sociedade sem preconceito demanda gerações repensando suas convicções, demanda políticas de Estado se opondo ao preconceito. É algo que necessitaria já ter sido iniciado e implica muito esforço.

Esforço, inclusive, das ONGs em lerem o artigo 12 da Declaração dos Direitos Humanos de 1789 e perceberem que a polícia pode ser um aliado sem, todavia, ser um instrumento de ação impositiva. A polícia deve ser organizada e agir a partir dos princípios democráticos. E essa a grande lição do trabalho de Valquiria. Uma policial que reconhece o problema e busca uma solução sabendo dos limites de seu trabalho, da instituição na qual opera e do sistema dentro do qual ela se insere. Assim sendo, propõe a busca não de penas (perdidas), mas de soluções efetivas.

Por fim, apontamos para outra questão relevante percebida na leitura do trabalho de Valquiria. A necessidade de a polícia civil e os demais órgãos de segurança pública investirem na elaboração de inteligência policial. Urge que o estado do Rio Grande do Sul, que os órgãos de segurança pública, possuam profissionais capacitados para realizarem pesquisas e mesmo para orientarem seus colegas nos momentos dos registros. Valquiria revela que os policiais não sabem manejar os formulários utilizados pela própria corporação, e que os dados tiveram de ser construídos, não existindo um sistema informatizado capaz de fornecê-los aos pesquisadores.

Afirma a autora: "Desse modo, quanto a outra hipótese lançada, de que 'não existem dados oficiais compilados que possam ser avaliados para se estabelecer uma política criminal adequada ao mesmo tempo em que não há percepção dos órgãos investigativos quanto à motivação e causa dos homicídios envolvendo vítimas com orientação sexual e identidade de gênero LGBT', apurou-se que os dados existem, porém não catalogados ou de pronta análise, necessitando, assim, uma orientação aos órgãos públicos de polícia judiciária, no sentido de que possam não só catalogar e melhorar seus sistemas e formas de acompanhamento dos casos envolvendo vítimas de homicídio LGBT, podendo tal circunstância também ser estendida a outros delitos, inclusive de menor potencial ofensivo.".

Para tanto, há necessidade de pesquisa, o que acontece muitas vezes tão somente pelo empenho de pessoas, servidores, que investem em sua própria formação, como no caso. Mas a polícia do século XXI não pode se furtar de possuir um corpo técnico preparado para tal. A polícia do século XXI não pode se furtar de estar aberta para os pesquisadores. A polícia do século XXI necessita ser cada vez mais democrática e preparada. Para tanto, necessita de pessoal capacitado, e Valquiria representa, certamente, o novo tipo de agente que se espera integrante da corporação.

Ela, mas também sua orientadora, professora Renata Almeida da Costa, e seu coorientador, professor Daniel Silva Achutti, pois o pesquisar se faz coletivamente, estão de parabéns. Assim como o Mestrado em Direito da Universidade LaSalle Canoas e todos aqueles a quem a mestre agradece: familiares, professores, delegados, escrivães e inspetores de Polícia.

1. Introdução

O Brasil é apontado, conforme dados levantados pelo Grupo Gay da Bahia – GGB –, como um dos líderes do *ranking* de países com elevado índice de crimes homofóbicos contra lésbicas, gays, bissexuais, travestis e transexuais – LGBT. Essas pesquisas citam resultados que apontam um aumento desse crime a cada novo período observado. Porém, esses dados não são oficiais; ao contrário, são obtidos através de levantamento de notícias veiculadas na mídia sobre crimes praticados contra pessoas LGBT, principalmente em relação ao crime de homicídio.

Frente a estes resultados, os movimentos sociais LGBT vêm, nos últimos anos, reivindicando que seja criminalizada a homofobia no Brasil e defendem esta estratégia como a principal maneira de diminuir os homicídios contra lésbicas, gays, bissexuais, travestis e transexuais no país.

Este livro desponta, assim, no resultado da dissertação de Mestrado em Direito e Sociedade e, nesse sentido, o objetivo do trabalho foi/é analisar se a criminalização da conduta dos autores de crime de homicídios contra pessoas LGBT é a estratégia adequada de proteção contra a violência em razão da discriminação de caráter sexual. Para isso, busca-se, através do levantamento empírico junto a uma Delegacia de Polícia de Homicídios e Proteção à Pessoa – DPHPP –, dados oficiais relativamente aos casos de homicídios envolvendo lésbica, gay, bissexual, travesti ou transexual como vítimas na cidade de Porto Alegre a partir do ano de 2013 e, através dessa análise, verificar se a orientação sexual é motivo/causa para vitimização nos casos de homicídios e, também, se há percepção dos órgãos investigativos quanto à motivação e causa desses crimes envolvendo LGBT como vítimas.

De tal modo, a pesquisa realizada neste livro se propõe a responder o seguinte problema: se há, a partir dos movimentos sociais LGBT e da repercussão na mídia e redes sociais, a necessidade de contingenciamento jurídico-penal visando a estabelecer maior punição aos autores de delitos contra a vida de lésbicas, gays, bissexuais, travestis e transexuais?

Esta indagação é feita com base na maneira como são utilizadas as notícias sobre mortes envolvendo como vítimas pessoas com orientação sexual e identidade de gênero LGBT, tanto pela mídia, propriamente dita, como também pelos movimentos sociais que reivindicam a criminalização da homofobia. Todo esse enfoque sob a defesa e argumento de que apenas com o expansionismo penal é possível diminuir os índices da violência homofóbica.

Dessa maneira, como hipóteses de estudo nessa obra, têm-se que: (a) os movimentos sociais LGBT se fortaleceram perante a sociedade no decorrer dos anos e suas reivindicações ganha(ra)m repercussão na mídia contribuindo para que ocorram mudanças sociais; (b) a orientação sexual e identidade de gênero são motivo ou causa para vitimização nos casos de homicídios e (c) não existem dados oficiais compilados que possam ser avaliados para se estabelecer uma política criminal adequada ao mesmo tempo em que não há percepção dos órgãos investigativos quanto à motivação e causa dos homicídios envolvendo vítimas com orientação sexual e identidade de gênero LGBT.

Assim, buscando-se confirmar ou não essas hipóteses, ainda que de forma parcial, objetiva-se analisar se a criminalização da conduta dos autores de crime de homicídios contra pessoas da comunidade LGBT é a estratégia adequada de proteção contra a violência em razão da discriminação de caráter sexual.

Em específico, busca-se (a) examinar, a partir da reivindicação dos movimentos sociais LGBT, a discussão sobre a criminalização da homofobia no Brasil e a abordagem das políticas criminais, bem como a adoção da terminologia conceitual associada à temática; (b) verificar os índices oficiais de números de casos de homicídios envolvendo vítimas com orientação sexual ou identidade de gênero LGBT na cidade de Porto Alegre, no período entre os anos de 2013 e 2015; (c) investigar se a polícia judiciária, nos casos de homicídio em que as vítimas são LGBT, consegue delimitar os motivos deste crime; (d) averiguar se os episódios de homicídios de LGBT são efetivamente por motivos de preconceito em razão da orientação sexual ou identidade de gênero da vítima.

Para tanto, adota-se como método de pesquisa o qualitativo, com análise dedutiva, partindo-se da coleta de dados oficiais sobre a violência homofóbica na cidade de Porto Alegre (com recorte de levantamento sobre a área de uma das seis Delegacias de Polícia de Homicídios e Proteção à Pessoa) e o estudo sobre os movimentos sociais e o reconhecimento de direitos para a população LGBT para contextualizar a demanda dos movimentos sociais LGBT por um expansionismo penal, por meio da aprovação da criminalização da homofobia.

Desse modo, são adotadas para a realização deste estudo duas formas de metodologia: a empírica, a qual se realizará por meio de coleta de dados nos procedimentos policiais de homicídios ocorridos na cidade de Porto Alegre e entrevistas com os policiais civis e, a segunda, a revisão bibliográfica através da qual se buscarão contextualizar as análises com a historiografia dos movimentos sociais de homossexuais e as repercussões na mídia quanto às abordagens dos crimes de homofobia com vítimas fatais e a ênfase à criminalização.

Assinala-se, prospectando o conteúdo deste livro, que o mesmo está estruturado em três grandes capítulos e estes, subdivididos em subitens.

De tal maneira, considerando que os movimentos sociais e a comunidade LGBT se utilizam desses dados divulgados pelo Grupo Gay da Bahia e são todos coletados a partir das notícias apresentadas pela mídia como argumento para aprovação da criminalização da homofobia, ainda se tratando de dados não oficiais, optou-se por iniciar esta obra com a pesquisa empírica a qual cita e analisa dados oficiais sobre o crime de homicídio de pessoas LGBT na capital gaúcha.

O primeiro capítulo contempla a pesquisa empírica que foi desenvolvida na 2ª Delegacia de Polícia de Homicídios e de Proteção à Pessoa de Porto Alegre, procurando coletar e demonstrar dados oficiais sobre o número total de inquéritos policiais instaurados naquele órgão policial, entre os anos de 2013 e 2015, para a investigação de crimes de homicídio consumados e, deste total, em quantos é possível constatar que a vítima é uma pessoa com orientação sexual ou identidade de gênero LGBT. Serão elencados e trabalhados diversos dados coletados durante a pesquisa nos inquéritos policiais, bem como, na segunda parte do capítulo, será analisada a forma como a polícia judiciária tem atuado nos casos de homicídio de LGBT a partir da descrição e observação das respostas dadas pelos policiais civis às perguntas que serão dirigidas a eles, durante a realização das entrevistas.

Já no segundo capítulo, após revisão bibliográfica sobre as teorias dos movimentos sociais da ação coletiva, da mobilização de recursos, do processo político e dos novos movimentos sociais, buscar-se-á delinear o surgimento de manifestações sociais específicas, atentando-se para aquelas que tratam sobre os direitos para a população LGBT. Será abordado, também neste capítulo, como foram as primeiras manifestações em prol da comunidade LGBT no Brasil, quais os direitos já conquistados e o que ainda continua na pauta de reivindicações.

Finalmente, na terceira parte do estudo, procurar-se-á examinar, concretamente, a demanda pela criminalização da homofobia sob os aspectos da cultura do medo, mídia, expansionismo penal e o direito penal mínimo.

Eis, portanto, os intentos deste livro: analisar se o expansionismo penal, através da criminalização de condutas praticadas em razão de preconceito ou discriminação pela orientação sexual e/ou identidade de gênero da pessoa vítima ser diversa da heterossexualidade é a estratégia de proteção adequada e correta contra esse tipo de violência, especialmente do ponto de vista sociojurídico.

2. Oficiais *x* não oficiais: levantamento empírico sobre os homicídios de LGBT

A discriminação e o preconceito são apontados como causas de aumento e motivação para o crime de homicídio de pessoas com orientação sexual[1] ou a identidade de gênero[2] lésbica, gay, bissexual, travesti e transexual – LGBT. Utilizando-se dessas informações e os números de casos de violência, os movimentos sociais LGBT reivindicam pela criminalização da homofobia, assinalando esta como a principal maneira de diminuir os homicídios de LGBT no país.

Desse modo, optou-se por iniciar esta obra com a pesquisa empírica[3] que emprega dados oficiais[4] sobre a violência contra a população LGBT, em especial aos crimes de homicídio ocorridos na cidade de Porto Alegre, entre os anos de 2013 e 2015, bem como, analisa a forma como a polícia judiciária tem atuado nesses casos.

---

[1] A orientação sexual depende do gênero pelo qual a pessoa desenvolve atração sexual e laços românticos: heterossexual (por alguém de outro gênero), homossexual (por alguém do mesmo gênero) e bissexual (por ambos os gêneros). Tem ainda, a assexualidade, que é a ausência de atração por todos os gêneros, mas ainda não há consenso se ela é ou não uma orientação sexual (MACHADO, 2016, s/p).

[2] Identidade de gênero é o gênero com que a pessoa se identifica. Há quem se perceba como homem, como mulher, como ambos ou mesmo como nenhum dos dois gêneros: são os chamados não binários. O Cisgênero identifica-se com o mesmo gênero que lhe foi dado no nascimento, e o transexual e/ou transgênero identifica-se com um gênero diferente daquele que lhe foi dado no nascimento (MACHADO, 2016, s/p).

[3] Para Carvalho (2015, p. 50-51), a pesquisa empírica como os "estudos de caso, o levantamento de documentos, a construção de histórias de vida [...] impõem que a questão central da pesquisa seja enfrentada desde o primeiro dia de trabalho". O autor refere, ainda, que ao deixar para o final se corre o risco de perder "o fôlego (e tempo) para que o tema seja efetivamente explorado".

[4] Para fins dessa pesquisa, compreender-se-ão como dados oficiais aqueles coletados a partir de órgãos oficiais, neste caso, a Polícia Civil do Estado do Rio Grande do Sul, especificamente na 2ª Delegacia de Polícia de Homicídios e de Proteção à Pessoa de Porto Alegre.

Com a pesquisa empírica, buscam-se confrontar os dados estatísticos oficiais coletados com os compilados e divulgados anualmente pelo Grupo Gay da Bahia,[5] os quais indicam um aumento do número de homicídios de vítimas com orientação sexual ou identidade de gênero, lésbicas, gays, bissexuais, travestis e transexuais – LGBT –, no Brasil nos últimos anos.

Destaca-se que se optou por trabalhar com os dados estatísticos do Grupo Gay da Bahia em razão de não ter sido encontrada outra fonte de dados com índices atuais sobre homicídios envolvendo vítimas LGBT, pois o último relatório sobre a violência homofóbica no Brasil, divulgado pela Secretaria de Diretos Humanos da Presidência da República, é de 2013.[6] A própria Secretaria de Direitos Humanos da Presidência da República utiliza os dados divulgados pelo Grupo Gay da Bahia, como indicado no relatório de 2013 a:

> A metodologia hemerográfica pretende qualificar os perfis de violência privilegiados nas narrativas midiáticas. Os dados hemerográficos utilizados neste relatório foram disponibilizados pelo Grupo Gay da Bahia, um grupo que possui tradição neste levantamento de notícias de conteúdo violento contra a população LGBT (BRASIL, 2016, p. 8-9).

Entretanto, esses dados divulgados nos relatórios estatísticos são obtidos a partir de notícias vinculadas na mídia, portanto, não são oficiais,[7] desse modo, optou-se por fazer a pesquisa empírica

---

[5] O Grupo Gay da Bahia – GGB – é uma organização não governamental (ONG) voltada para a defesa dos direitos dos homossexuais no Brasil. "É a mais antiga associação de defesa dos direitos humanos dos homossexuais no Brasil. Fundado em 1980, registrou-se como sociedade civil sem fins lucrativos em 1983, sendo declarado de utilidade pública municipal em 1987. É membro da ILGA, LLEGO, e da Associação Brasileira de Gays, Lésbicas e Travestis (ABGLT). Em 1988, foi nomeado membro da Comissão Nacional de Aids do Ministério da Saúde do Brasil e desde 1995 faz parte do comitê da Comissão Internacional de Direitos Humanos de Gays e Lésbicas (IGLHRC). Ocupa, desde 1995, a Secretaria de Direitos Humanos da ABGLT e, desde 1998, a Secretaria de Saúde da mesma". (GRUPO GAY DA BAHIA, 2013, s/p.).

[6] Em entrevista exclusiva para o *site* Guia Gay São Paulo, em 10 de outubro de 2016, Flavia Piovesan, atual secretária da Secretaria Especial de Direitos Humanos do Ministério da Justiça e Cidadania, assume como compromisso a curto prazo a retomada da elaboração dos relatórios de violência homofóbica e salienta que "o último publicado se refere a dados de 2013". E, ainda, ressalta que "a elaboração desses relatórios, com a consequente qualificação dos dados acerca da violência que é praticada contra a população LGBT, nos permitirá embasar de forma mais aprofundada as propostas de políticas públicas para prevenir a violência e responsabilizar os agressores" (GUIA GAY SÃO PAULO, 2016, s/p).

[7] Como salientado no Relatório da Violência Homofóbica no Brasil em 2013, os dados estatísticos são importantes para o planejamento de intervenções sobre as desigualdades, no entanto, há uma grande dificuldade para a obtenção desses dados, entre elas a "não obrigatoriedade de reportagem de dados referentes à segurança pública para a União, por parte de cada uma das unidades da federação (problema enfrentado por todas as estatísticas no campo da segurança pública no Brasil); a ausência de campo relativo à orientação sexual, identidade de gênero ou possível motivação homofóbica em boletins de ocorrências policiais e a escassez de dados demográficos referentes à população LGBT" (BRASIL, 2016, p. 7-8).

para obter dados oficiais sobre os homicídios consumados de LGBT na cidade de Porto Alegre.

Após o levantamento e análise de dados oficiais, é desenvolvido, nos capítulos seguintes, um estudo sobre os movimentos sociais, os direitos já alcançados para a população LGBT e o surgimento dos novos movimentos sociais com novas demandas, em especial, a reivindicação pela criminalização da homofobia pelo movimento social LGBT e, ao final, uma análise dessa pretensão sob a perspectiva do direito penal mínimo.

O recorte metodológico temporal a partir do ano de 2013 aparece, sobretudo, em razão de ter sido no final do ano de 2012, a partir do Decreto nº 50.002, de 28 de dezembro, que foi criada a Divisão de Homicídios e de Proteção à Pessoa em Porto Alegre, assim, a 1ª e 2ª Delegacias de Homicídios, que pertenciam ao Departamento Estadual de Investigações Criminais – DEIC – passaram a fazer parte da nova Divisão. No ano de 2013, criaram-se mais quatro Delegacias de Polícia Especializadas na investigação de homicídios na Capital (POLÍCIA CIVIL, 2016).

A fim de que se realizasse um recorte possível de trabalhar na forma qualitativa, considerando o elevado número de casos de homicídio, ocorridos neste período na capital do estado do Rio Grande do Sul,[8] optou-se por realizar o estudo em apenas uma das seis delegacias especializadas na investigação do crime de homicídios existente naquela cidade. Para fazer a escolha, inicialmente foram identificados os bairros de Porto Alegre onde aconteceram os casos de homicídios de vítimas LGBT, indicados nos relatórios do Grupo Gay da Bahia nos anos de 2013, 2014 e 2015; a seguir, identificar a delegacia de polícia competente para investigação desses crimes.[9]

Com esses dados, verificou-se que todos os casos referidos pela ONG ocorrem em bairros que fazem parte da circunscrição da 2ª

---

[8] Segundo informações divulgadas no *site* da Secretaria de Segurança Pública do Estado do Rio Grande do Sul, no período entre 2013 e 2015, ocorreram 1.615 casos de homicídios consumados na cidade de Porto Alegre.

[9] O Decreto nº 51.037, de 17 de dezembro de 2013, definiu e constituiu a estrutura e organização do Departamento Estadual de Homicídios e Proteção à Pessoa – DHPP –, no âmbito da Polícia Civil, estabelecendo, ainda, as áreas de abrangência de cada uma das delegacias especializadas. Desse modo, institui-se que a 2ª Delegacia de Polícia de Homicídios e Proteção à Pessoa é responsável por atender os casos de homicídios que ocorram nos bairros: Anchieta, Humaitá, Vila Farrapos, Jardim São Pedro, Navegantes, São João, São Geraldo, Marcílio Dias, Higienópolis, Floresta, Moinhos de Vento, Auxiliadora, Mont'Serrat, Três Figueiras, Petrópolis, Bela Vista, Rio Branco, Santa Cecília, Bom Fim, Independência, Farroupilha, Cidade Baixa, Centro, Ilha das Flores, Ilha do Pavão, Ilha da Pintada e Ilha dos Marinheiros (POLÍCIA CIVIL, 2016).

Delegacia de Polícia de Homicídios e de Proteção à Pessoa da capital, motivo pelo qual foi este o local escolhido para a realização da pesquisa empírica.

2.1. Objetivos do estudo

O objetivo do estudo é analisar se a criminalização da conduta dos autores de crime de homicídios contra pessoas LGBT é a estratégia adequada de proteção contra a violência em razão da discriminação de caráter sexual.

De tal modo, a partir da reivindicação dos movimentos sociais LGBT, analisa-se a discussão sobre a criminalização da homofobia no Brasil e a abordagem das políticas criminais, bem como a adoção da terminologia conceitual associada à temática.

Também, no que tange ao levantamento de dados realizados na 2ª Delegacia de Polícia de Homicídios e Proteção à Pessoa de Porto Alegre, o objetivo é de verificar os índices oficiais de número de casos de homicídios envolvendo vítimas com orientação sexual ou identidade de gênero LGBT, ocorridos na cidade de Porto Alegre no período entre os anos de 2013 e 2015.

Além disso, através da realização de entrevistas com policiais civis, busca-se investigar se a polícia judiciária, nesses casos, consegue delimitar as causas deste crime, bem como averiguar se os episódios de homicídios de LGBT são efetivamente por motivos de preconceito em razão da orientação sexual ou identidade de gênero da vítima.

2.2. Metodologia aplicada para elaboração do estudo

A pesquisa de campo junto à delegacia de polícia escolhida foi dividida em duas partes. A primeira compreende uma análise dos inquéritos policiais instaurados para apurar o crime de homicídio consumado a partir do ano de 2013, com o fim de identificar os procedimentos que investigaram este delito, tendo como vítimas pessoas LGBT. A segunda parte consiste na realização e no exame das entrevistas com os policiais civis que atuaram diretamente nos procedimentos policiais pesquisados.

As entrevistas foram realizadas de forma semiestruturadas, ou seja, a partir de perguntas pré-elaboradas, porém abertas, mediante centralização no problema, atendendo ao que leciona Flick (2004) de que a partir de um problema social se busca, por meio de técnicas de estímulo narrativo, a possibilidade de coletas de dados.

O projeto de pesquisa, base deste estudo,[10] contemplava a realização de coleta de dados por meio de interações grupais, ou seja, um grupo focal. Pretendiam-se reunir pessoas militantes de movimentos sociais LGBT vinculadas ao grupo SOMOS – Comunicação, Saúde e Sexualidade –, a fim de promover uma discussão sobre a criminalização da homofobia e a abordagem de políticas públicas através dos movimentos sociais. Contudo, isso não foi realizado em razão de ter sido acolhida a orientação da banca de qualificação em focar a pesquisa empírica na coleta e análise de dados referente aos casos de homicídios com vítimas LGBT, pois entenderam ser este enfoque mais adequado ao que estava sendo proposto para ser desenvolvido na análise pretendida.

Realizou-se, ainda, uma pesquisa bibliográfica e demais documentos relevantes para a realização desta obra, que é qualitativo, buscando-se, desta forma, resultados consonantes com o propósito da investigação.

Quanto aos riscos, este estudo encontra-se pautado nos preceitos éticos e fundamentados pela Resolução Conselho Nacional de Saúde – CNS 466/12 e, por isso, entendeu-se e confirmou-se que não houve riscos ao sujeito de pesquisa,[11] nem em relação aos dados coletados nos inquéritos policiais instaurados na 2ª Delegacia de Polícia de Homicídios e de Proteção à Pessoa de Porto Alegre.[12]

Por outro lado, quanto aos benefícios, leva-se em conta que o levantamento de dados oficiais com relação aos casos de homicídio de vítimas com orientação sexual ou identidade de gênero LGBT auxilia na análise, sob uma perspectiva sociojurídica, da relação entre as reivindicações dos movimentos sociais, suas alegações e dados não

---

[10] O projeto de pesquisa foi submetido ao Comitê de Ética em pesquisa do Unilasalle Canoas/RS e apresentado para a banca qualificação do Mestrado em Direito e Sociedade no mês de fevereiro de 2016.

[11] Considerou-se como eventual risco a identificação do entrevistado e o seu local de trabalho (delegacia, departamento, divisão), porém não foi coletado e divulgado nenhum dado em que pudesse ser identificado o entrevistado. Em relação ao local de trabalho, não houve nenhum óbice dos entrevistados de que constasse na pesquisa a Delegacia de Polícia onde foi desenvolvida a pesquisa. Foi ressaltado aos entrevistados que, caso se sentisse exposto, constrangido, desconfortável, enfim, se algo causasse agravo moral à sua dignidade, poderia solicitar a reparação ou indenização devida e, inclusive, a qualquer momento, desistir de participar da entrevista.

[12] Neste caso, foi considerado como eventual risco a possibilidade de publicidade dos dados relativos às vítimas e/ou testemunhas dos procedimentos policiais, todavia, nenhum dado foi coletado em relação às testemunhas e, em relação às vítimas atentou-se para que a coleta e divulgação dos dados não possibilitassem a sua identificação.

oficiais, com a realidade dos fatos. Desta maneira, o benefício para o entrevistado será relevante ao lhe apresentar, ao final da pesquisa, dados que poderão auxiliar na discussão sobre a criminalização da homofobia no Brasil e/ou outras políticas criminais (principalmente aos ativistas dos movimentos LGBT), bem como informações sobre a importância da identificação da orientação sexual para a investigação do crime de homicídio (especialmente aos policiais civis).

2.3. Instrumentos de pesquisa e objetivos visados

A pesquisa empírica foi dividida em duas fases. A primeira delas consistiu na busca de dados em relação aos inquéritos policiais instaurados para apurar os homicídios consumados que foram atendidos pela 2ª Delegacia de Polícia de Homicídios e Proteção à Pessoa – 2ª DPHPP –, de Porto Alegre, entre os anos de 2013 a 2015. Na sequência, foi verificado entre estes quantos procedimentos tinham como vítimas pessoas LGBT.

Essa primeira fase, que foi desenvolvida no mês de janeiro de 2016, pretendeu o levantamento de dados oficiais sobre violência sofrida pela população LGBT na cidade de Porto Alegre, especificamente, em relação ao crime de homicídio consumado.

Durante a coleta de dados nos inquéritos na 2ª Delegacia de Polícia de Homicídios e Proteção à Pessoa de Porto Alegre, foi possível identificar os procedimentos que foram instaurados para apurar as circunstâncias da morte de pessoas LGBT no período entre os anos de 2013 e 2015. Nessa ocasião, foram coletados dados julgados relevantes para a pesquisa, como características da vítima (sexo, cor, idade), do local do fato (público ou privado, qual o bairro) e instrumento utilizado (arma de fogo, arma branca, outros), pois permitiu identificar o perfil das vítimas, do local onde ocorreu o crime e o instrumento utilizado.

Por tal instrumento, foi possível a identificação de policiais civis que trabalharam diretamente nos casos apurados e, a partir desse dado, realizar a segunda fase da pesquisa.

Dessa maneira, no segundo momento da pesquisa empírica, ocorreu a realização de uma entrevista semiestruturada (com a utilização de um roteiro previamente elaborado), individual e face a face com cada um dos policiais civis selecionados na primeira fase.

A segunda fase da pesquisa foi realizada entre os meses de março e julho de 2016. Embora o levantamento de dados dos inquéritos policiais e a identificação dos policiais tenham ocorrido no mês de janeiro, o início das entrevistas só foi possível no mês de março, em razão de os dois primeiros meses do ano corresponderem ao período da chamada "Operação Verão", período em que alguns policiais são deslocados das delegacias que atuam normalmente para um reforço nas delegacias de polícia do litoral (norte e sul) do Rio Grande do Sul-RS. Outro fato que contribuiu para ampliar o período de realização das entrevistas foi a troca do Chefe da Polícia Civil do RS,[13] ocorrida no mês de fevereiro de 2016, fazendo com que delegados de polícia e agentes policiais trocassem de local de trabalho (mudando de delegacia ou, ainda, de departamento policial). Fato ocorrido com alguns dos policiais que haviam sido selecionados na pesquisa.

Diante dessa situação, foi necessário um novo contato com os policiais civis para saber de suas novas lotações e outros agendamentos para as entrevistas. Ressalta-se aqui que estes policiais foram escolhidos por terem trabalhado nas investigações e demais fases dos inquéritos policiais objetos da pesquisa, seja no local do crime, na fase de investigação ou mesmo no encerramento e remessa dos autos do inquérito policial (IP) ao Poder Judiciário, por isso não poderia simplesmente optar por entrevistar outros policiais que estavam iniciando as atividades naquela Delegacia de Polícia.

Considerando que a temática da pesquisa pressupõe a atuação diária nos órgãos da polícia civil por parte dos entrevistados, o local escolhido para a coleta das informações foi o de exercício das atividades profissionais dos mesmos.

Logo, utilizou-se a ambientação da delegacia de polícia e agendaram-se as reuniões para o horário de trabalho dos policiais.[14] Cumpre-se ressaltar que um dos entrevistados, que estava lotado na 2ª Delegacia de Polícia de Homicídios e Proteção à Pessoa, foi transferido para outro órgão policial[15] não mais de uma delegacia, mas de um departamento policial, sendo realizada a entrevista nesse outro ambiente, entretanto, ainda dentro de uma ambientação de atividade policial.

Desse modo, com o objetivo de analisar a maneira como são avaliados, classificados e investigados, pela Polícia Civil gaúcha, os deli-

---

[13] SILVA, Claiton. SSP apresenta novo Chefe de Polícia e novo Subcomandante da BM. *Secretaria de Segurança Pública*, 11/02/2016, 14h18min. Disponível em: <http://www.ssp.rs.gov.br/?model=conteudo&menu=81&id=21725>. Acesso em: 23 jul. 2016.

[14] O horário de expediente é das 08h30min às 12h e das 13h30min às 18h, exceto para quem trabalha em escala de plantão ou sobreaviso que terá um horário diferenciado.

[15] Os policiais civis exercem suas funções em delegacias de polícia, divisões ou departamentos policiais e todos estes locais são denominados órgãos policiais.

tos de homicídio em que são vítimas LGBT e se há uma preocupação, um cuidado por parte dos órgãos investigativos em apurar e demonstrar se a causa ou motivação para o crime foi o fator preconceito. Ainda, no intuito de averiguar se há um aumento de casos de homicídio de vítimas LGBT por motivação específica relacionada à sua orientação sexual ou sua identidade de gênero, foram entrevistados os policiais civis que trabalharam nos inquéritos policiais instaurados para apurar as mortes (homicídios) de pessoas LGBT ocorridos na cidade de Porto Alegre entre os anos de 2013 e 2015 e que foram atendidos na 2ª Delegacia de Polícia de Homicídios e Proteção à Pessoa.

2.4. Amplitude da coleta de dados e resultados alcançados

Na primeira fase de coleta, verificou-se que, entre os anos de 2013 e 2015, foram instaurados 177 inquéritos policiais na 2ª Delegacia de Polícia de Homicídios e Proteção à Pessoa de Porto Alegre para investigar o crime de homicídio consumado. Em análise aos autos desses inquéritos, foi possível, a partir de informações encontradas em diversos documentos (ocorrência policial, relatórios de local de crime, depoimentos de testemunhas, amigos e familiares), identificarem oito procedimentos que investigavam a morte de pessoa com orientação sexual ou orientação sexual LGBT.

Desses oito inquéritos policiais, foram coletados dados sobre as vítimas, as circunstâncias que ocorreram os fatos e a identificação dos policiais que investigaram os homicídios. Com as informações colhidas, foi possível realizar a tabulação e confecção de gráficos, a qual possibilitou a análise estatística sobre os 08 (oito) procedimentos que tinham como vítimas pessoas LGBT.

2.4.1. Dos dados dos inquéritos policiais

Como referido anteriormente, os dados apontaram que, do total de 177 casos de homicídios consumados, em apenas um percentual de 5% dos casos, foi identificado tratar-se de vítimas pessoas LGBT. Este percentual não pode ser considerado alto se forem analisados os índices de homicídios consumados ocorridos na cidade de Porto Alegre, no mesmo período que, conforme foi divulgado pela Secretaria de Segurança Pública do Estado do Rio Grande do Sul, totalizou 1.615 casos.[16]

---

[16] Ver nota de rodapé nº 8.

Gráfico 1 – Percentual de homicídios de vítimas LGBT em relação ao total de 177 casos apurados (2013-2015)

- Nº IP homicídio consumado com vítima LGBT
- Nº IP homicídio consumado com vítima heterossexual (cisgênero)

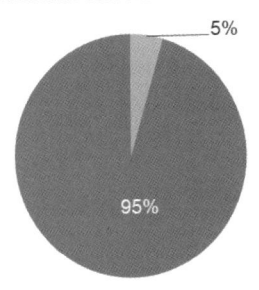

5%
95%

Fonte: Produzido pela autora, 2016.

No mesmo sentido, verificou-se o perfil das vítimas do crime de homicídio investigado nesses procedimentos.

Tabela 1 – Dados sobre as vítimas dos 08 (oito) inquéritos policiais selecionados para a pesquisa empírica

	Idade	Sexo	Estado Civil	Identidade de gênero e/ou orientação sexual	Cor da pele	Grau de Instrução	Profissão
1ª Vítima 2013	61	M	Casado	Gay	Branca	Médio	Comerciante
2ª Vítima 2013	66	M	Separado	Gay	Branca	Superior	Cabeleireiro
3ª Vítima 2013	38	M	Solteiro	Travesti	Preta	Médio	Não informado
1ª Vítima 2014	62	M	Solteiro	Gay	Branca	Superior	Médico
2ª Vítima 2014	35	M	Solteiro	Travesti	Preta	Fundamental	Não informado
1ª Vítima 2015	16	F	Solteira	Lésbica	Mulata	Não informado	Não informado
2ª Vítima 2015	29	M	Solteiro	Transexual	Branca	Ensino Fundamental	Maquiadora
3ª Vítima 2015	49	M	Solteiro	Gay	Branca	Ensino Superior	Não informado

Fonte: Produzido pela autora, 2016.

Ou seja, percebeu-se que do total de oito vítimas, quatro (50%) eram gays, duas eram travesti (25%), uma (12,5%) transexual e uma (12,5%) lésbica. Quanto ao estado civil, 75% (seis) das vítimas eram solteiras, enquanto do grupo de 25% restantes, uma era casada e outra separada.

Gráfico 2 – Percentual em relação ao sexo e orientação sexual/identidade de gênero da vítima

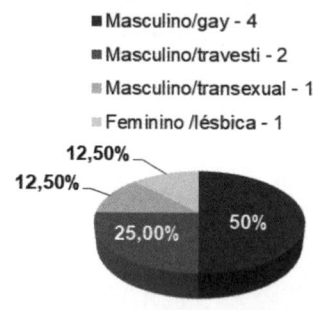

- Masculino/gay - 4
- Masculino/travesti - 2
- Masculino/transexual - 1
- Feminino /lésbica - 1

12,50%
12,50%
25,00%
50%

Gráfico 3 – Percentual com relação ao estado civil das vítimas

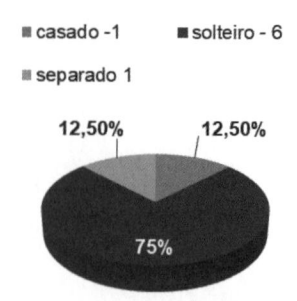

- casado -1
- solteiro - 6
- separado 1

12,50% 12,50%
75%

Fonte: Produzido pela autora, 2016.

Ainda, sobre o perfil das oito vítimas, consta nos inquéritos policiais a informação de que a maioria era de cor branca, ou seja, cinco delas (62,50%), duas (25%) de cor preta e uma (12,50%) mulata.

Com relação à faixa etária, 37,50% (três) das vítimas tinham idade entre 61 e 70 anos, 25% (2) entre 31 e 40 anos, as outras três vítimas estavam em faixas etárias diferentes entre elas. No entanto, não houve nenhuma vítima com idade entre 51 e 60 anos e com mais de 70 anos, como pode ser observado nas representações gráficas a seguir.

Gráfico 4 – Percentual em relação à cor de pele das vítimas

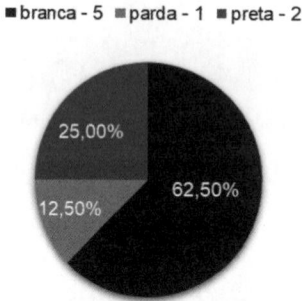

- branca - 5
- parda - 1
- preta - 2

25,00%
62,50%
12,50%

Gráfico 5 – Faixa etária das vítimas

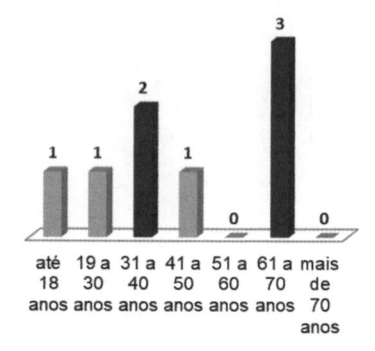

até 18 anos	19 a 30 anos	31 a 40 anos	41 a 50 anos	51 a 60 anos	61 a 70 anos	mais de 70 anos
1	1	2	1	0	3	0

Fonte: Produzido pela autora, 2016.

Com relação ao grau de escolaridade e profissão das vítimas, os dados ficaram bem disseminados, pois do total de oito, três tinham ensino superior (um médico, um cabeleireiro e a outra não foi informada a profissão), duas com ensino médio (um era comerciante, e o outro não informada a profissão), duas com ensino fundamental (uma maquiadora e uma sem informação da profissão) e em relação a uma das vítimas, não foram informados o grau de instrução e profissão.

Gráfico 6 – Grau de escolaridade das vítimas

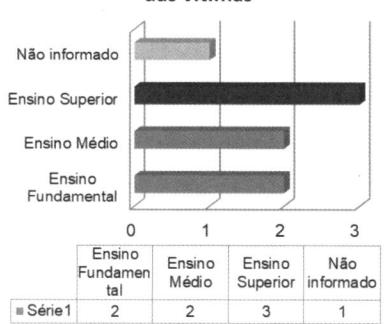

	Ensino Fundamental	Ensino Médio	Ensino Superior	Não informado
Série1	2	2	3	1

Gráfico 7 – Profissão das vítimas

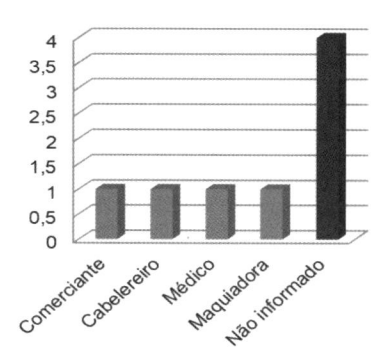

(Comerciante, Cabelereiro, Médico, Maquiadora, Não informado)

Fonte: Produzido pela autora, 2016.

Por estas informações, pode-se dizer que o perfil das vítimas LGBT identificadas nos inquéritos policiais instaurados na 2ª Delegacia de Polícia de Homicídios e de Proteção à Pessoa de Porto Alegre é, na maioria, do sexo masculino, com orientação sexual homossexual, de cor branca, faixa etária acima de 30 anos e solteiros.

Ainda, com os dados coletados nos procedimentos policiais, foi possível identificar quais os locais, horários e datas que estes crimes ocorreram, conforme demonstrado nas tabelas e gráficos a seguir.

Tabela 2 – Dados sobre o local onde ocorreram os homicídios investigados nos 8 (oito) inquéritos policiais selecionados para a pesquisa empírica

Dados Sobre O Local Do Fato	Local	Bairro
1º Caso de 2013	residência da vítima	Centro
2º Caso de 2013	residência da vítima	Petrópolis
3º Caso de 2013	via pública	Bom Fim
1º Caso de 2014	residência da vítima	Centro
2º Caso de 2014	via pública	Floresta
1º Caso de 2015	via pública	Centro
2º Caso de 2015	via pública	Floresta
3º Caso de 2015	residência da vítima	Jardim Botânico

Fonte: Produzido pela autora, 2016.

No que se refere ao bairro onde ocorreram os homicídios, não foi possível verificar um parâmetro, pois o resultado foi bem diversificado. Já em relação ao local do fato, foi possível visualizar que dos oito casos de homicídios pesquisados, o percentual ficou exatamente pela metade, ou seja, 50% ocorreram na própria residência da vítima e 50% foram em via pública.

Gráfico 8 – Percentual em relação ao local do fato

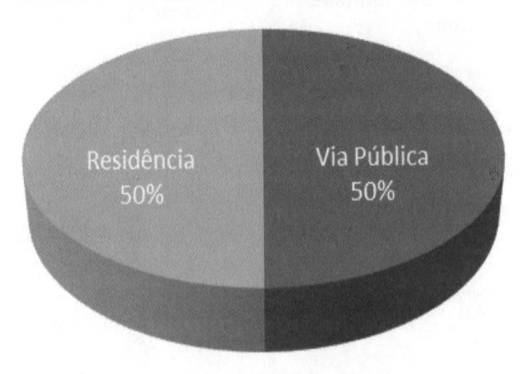

Residência 50%
Via Pública 50%

Fonte: Produzido pela autora, 2016.

Nos autos dos inquéritos policiais havia, ainda, informações sobre os autores ou supostos autores (alguns procedimentos ainda não tinham sido encerrados) dos homicídios. Verificou-se que nos quatro casos em que a vítima foi morta na própria residência, o autor era uma pessoa conhecida da vítima.

Tabela 3 – Dados sobre o instrumento utilizado para matar a vítima nesses 8 (oito) inquéritos policiais selecionados para a pesquisa empírica

Sobre o Instrumento utilizado	Arma branca[17]	Arma de Fogo[18]	Outros (pedra, madeira, etc.)
1ª Caso de 2013	Sim		
2ª Caso de 2013	Sim		
3ª Caso de 2013			Sim
1ª Caso de 2014	Sim		
2ª Caso de 2014		Sim	
1ª Caso de 2015		Sim	
2ª Caso de 2015		Sim	
3ª Caso de 2015			Sim

Fonte: Produzido pela autora, 2016.

Quanto ao tipo de arma ou instrumento utilizado para a prática do crime, identificou-se que a maioria foi com a utilização de arma branca (faca, facão etc.).

---

[17] Conforme previsão do artigo 3º, inciso XI, do Decreto nº 3.665/2000, arma branca é "artefato cortante ou perfurante, normalmente constituído por peça em lâmina ou oblonga" (SENADO FEDERAL, 2000, s/p).

[18] Segundo previsão no artigo 3º, inciso XIII, do Dec. 3.665/2000, arma de fogo é "a arma que arremessa projéteis empregando a força expansiva dos gases gerados pela combustão de um propelente confinado em uma câmara que, normalmente, está solidária a um cano que tem a função de propiciar continuidade à combustão do propelente, além de direção e estabilidade ao projétil" (SENADO FEDERAL, 2000, s/p).

Gráfico 9 – Instrumento utilizado para a prática do homicídio

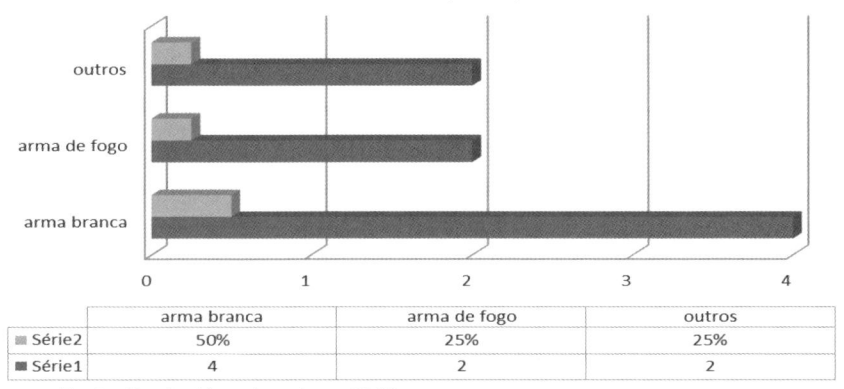

	arma branca	arma de fogo	outros
Série2	50%	25%	25%
Série1	4	2	2

Fonte: Produzido pela autora, 2016.

No gráfico acima é possível verificar que do total de casos, 50% foi cometido com a utilização de arma branca, 25% com arma de fogo e os outros 25% como outros tipos de instrumentos.

Observa-se que a maioria dos fatos ocorridos no interior da casa da vítima foram praticados com a utilização de arma branca, enquanto aqueles que ocorreram em via pública foram com o uso de arma de fogo.

Ainda sobre o momento da ocorrência do fato, verificou-se que 50% dos casos ocorreram no período da madrugada, 37% durante a manhã e 13% à tarde, como se pode observar na tabela abaixo.

Tabela 4 – Dados sobre data e horário que ocorreram os fatos investigados nos 8 (oito) inquéritos policiais selecionados para a pesquisa empírica

	Mês	Dia	Dia da semana	Hora do Fato	Turno	Períodos
1ª Caso de 2013	Fevereiro	07	Quinta-feira	09:30:00	Manhã	manhã (06h às 11h59min)
2ª Caso de 2013	Fevereiro	25	Segunda-feira	14:00:00	Tarde	tarde (12h às 17h59min)
3ª Caso de 2013	Maio	12	Domingo	02:15:00	Madrugada	madrugada (24h às 05h59min)
1ª Caso de 2014	Maio	25	Domingo	04:30:00	Madrugada	madrugada (24h às 05h59min)
2ª Caso de 2014	Maio	29	Quinta-feira	06:15:00	Manhã	manhã (06h às 11h59min)
1ª Caso de 2015	Março	30	Segunda-feira	05:00:00	Madrugada	madrugada (24h às 05h59min)
2ª Caso de 2015	Junho	04	Quinta-feira	01:20:00	Madrugada	madrugada (24h às 05h59min)
3ª Caso de 2015	Setembro	14	Segunda-feira	08:50:00	Manhã	manhã (06h às 11h59min)

Fonte: Produzido pela autora, 2016.

Dos quatro casos de homicídios ocorridos em via pública, três foram no período da madrugada e um no início da manhã, de quinta-feira a domingo.

Gráfico 10 – Referente ao mês de ocorrência do fato (2013-2015)

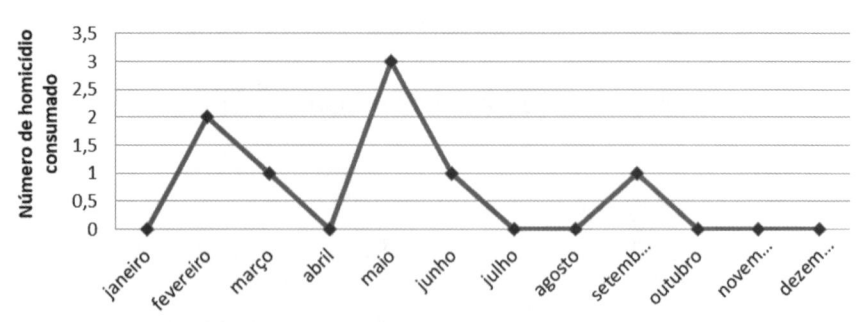

Fonte: Produzido pela autora, 2016.

Em relação ao mês de ocorrência dos fatos, pode ser observado no gráfico acima que, do total de oito casos de homicídios, três ocorreram no mês de maio e dois em fevereiro.

Verificou-se, ainda, que os dois ocorridos no mês de fevereiro foram os casos identificados no ano de 2013. Dos três que aconteceram no mês de maio, um foi no ano de 2013 e os outros dois, no ano de 2014. Em relação aos três homicídios identificados no ano de 2015, aconteceram em meses diversos (março, junho e setembro). Ou seja, não se pode afirmar que esse tipo de crime envolvendo vítimas LGBT ocorra mais em determinados períodos (estações) do ano.

Gráfico 11 – Referente ao dia da semana de ocorrência do homicídio (2013-2015)

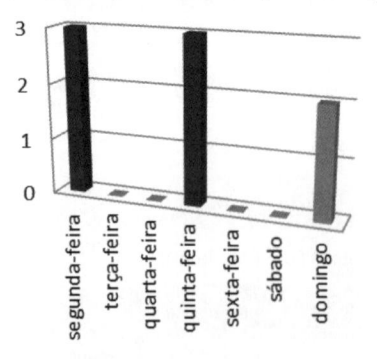

Gráfico 12 – Em relação ao horário que ocorreu o fato (2013-2015)

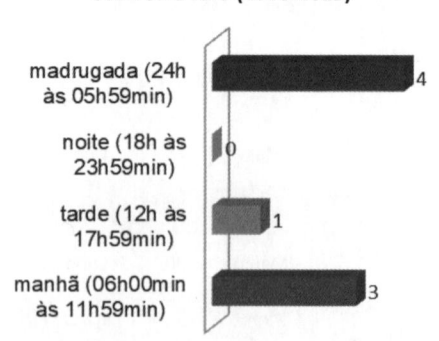

Fonte: Produzido pela autora, 2016.

No que se refere ao dia da semana e horário de ocorrência dos oito casos de homicídios analisados, foi possível verificar três que ocorreram em uma segunda-feira, três na quinta-feira e dois em domingos. As ocorrências se deram na maioria (quatro casos) no período da madrugada e início da manhã (três casos).

Foram coletados, ainda, dados relacionados à identificação da autoria do fato, a motivação apontada nos autos do inquérito policial para o crime, o encerramento deste, quanto ao procedimento com ou sem indiciamento e se vítima e autor(es) se conheciam.

Tabela 5 – Dados sobre a autoria, motivação, se houve indiciamento e a relação vítima e autor nos 8 (oito) inquéritos policiais selecionados para a pesquisa empírica

	Autoria	Motivação	Inquérito policial encerrado	Com indiciamento	Relação vítima e autor
1ª Caso de 2013	Conhecida	Vítima não quis pagar programa sexual	Sim	Sim	Se conheciam
2ª Caso de 2013	Conhecida	Roubar bens da vítima*	Sim	Sim	Se conheciam
3ª Caso de 2013	Desconhecida	Desconhecida	Sim	Não	Prejudicado
1ª Caso de 2014	Conhecida	Passional	Sim	Não**	Se conheciam
2ª Caso de 2014	Conhecida	Disputa por ponto de prostituição	Sim	Sim	Se conheciam
1ª Caso de 2015	Conhecida	Passional	Sim	Sim	Se conheciam
2ª Caso de 2015	Desconhecida	Desconhecida	Não	Não	Prejudicado
3ª Caso de 2015	Conhecida	Disputa por ponto de prostituição	Sim	Sim	Se conheciam

* Este inquérito policial foi encerrado como um latrocínio e não mais como um homicídio.
** Autor se suicidou logo após cometer o homicídio.

Fonte: Pesquisa da autora.

Por estes dados pode-se verificar que em 75% do total de oito homicídios foi identificada a autoria e que a vítima e o seu agressor se conheciam. Bem como, observou-se, ainda, que nesses seis casos foram apuradas as motivações e encerrados os inquéritos policiais com indiciamento(s)[19] do(s) autor(es), conforme se verifica nos gráficos abaixo:

---

[19] O indiciamento ocorre quando o Delegado de Polícia, que preside o inquérito policial, conclui o expediente entendendo serem suficientes os indícios de autoria e materialidade do crime e imputa à pessoa do investigado (que passa a ser denominado de indiciado) a prática do ilícito penal (fundamento legal artigos 4º ao 23 do Código de Processo Penal).

Gráfico 13 – Relação entre vítima e autor
(2013-2015)

■ Se conheciam   ■ Não informado

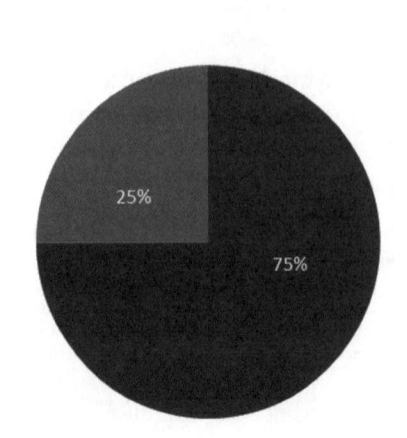

25%
75%

Gráfico 14 – Motivação apurada nos autos para homicídio (2013-2015)

■ vítima se negou a pagar programa sexual
■ roubo seguido de morte
■ passional
■ disputa ponto prostituição
■ sem indiciamento
■ não concluído

13%   12%
13%   12%
25%   25%

Fonte: Produzido pela autora, 2016.

Quanto à informação sobre vítima e autor se conhecerem foram consideradas diversas situações, desde o simples fato de o autor saber quem era a vítima em razão de sua atividade profissional e o local em que trabalhava (nos casos em que a motivação apurada para o homicídio foi a disputa por ponto de prostituição) até o caso em que vítima e autor tinham uma relação de convivência (nos casos dos crimes com motivação passional).

Portanto, sobre as motivações apuradas pelos policiais civis responsáveis pelas investigações de cada um dos oito inquéritos policiais, pode-se verificar que: a) Em dois casos foi passional, portanto, vítima e autor se conheciam e possuíam uma relação de convivência homoafetiva; b) em outros dois se apurou que se tratava de disputa por ponto de prostituição e, através dos depoimentos e relatórios que constavam nos autos, pode-se verificar que os autores conheciam as vítimas e que, por desacordo em relação ao domínio do ponto de prostituição, houve a morte; c) um dos fatos ocorreu por desacordo, ou seja, a vítima se negou a pagar após o final do programa sexual que havia acertado com o autor, pessoa com a qual tinha relação de convivência de aproximadamente 4 anos; d) em outro fato identificou-se no decorrer das investigações que se tratava de um roubo seguido de morte (latrocínio), e não de um homicídio. Havia relação de convivência de um dos autores com a vítima; e) nos outros dois casos não foi possível identificar se vítima e autor se conheciam, nem qual a motivação, pois um deles foi encerrado sem autoria, e o outro ainda estava sob investigação e, até o momento da realização da pesquisa, não haviam autoria e motivação conhecidas.

Desse modo, com os dados coletados nos inquéritos policiais e com o objetivo de analisar a forma como a polícia judiciária tem atuado nos casos de homicídio envolvendo vítimas, pessoas LGBT, foram realizadas entrevistas com os policiais civis que atuaram nos inquéritos policiais pesquisados.

2.4.2. Dos dados das entrevistas com os policiais civis

Como já referido, durante a análise dos inquéritos policiais na primeira fase da pesquisa empírica, foram identificados os policiais civis que trabalharam nas investigações de homicídios de pessoas LGBT. A partir disso foram realizadas entrevistas semiestruturadas de forma individual e face a face com os policiais civis.

Foram selecionados para a entrevista seis policiais civis, destes, um delegado de polícia e cinco agentes (escrivães e inspetores) que atuaram nos inquéritos policiais instaurados, entre os anos de 2013 a 2015, para apurar o crime de homicídio consumado de vítimas com orientação sexual ou identidade de gênero LGBT.

Depois da degravação[20] das entrevistas, visando a auxiliar a análise dos dados, classificaram-se trechos da entrevista transcrita e apresentados em forma de tabela.

Na coluna "Categoria", foram agregados os principais enfoques da entrevista, ou seja, a percepção do entrevistado sobre: a) o significado da sigla LGBT; b) quanto à investigação policial do crime de homicídio envolvendo como vítimas LGBT, e, c) sobre a motivação para o crime de homicídio de pessoas LGBT.

Na coluna "Perguntas", encontram-se as perguntas que foram elaboradas para a entrevista semiestruturada e aplicadas aos entrevistados.

Por fim, na terceira e última coluna, "Respostas", encontram-se os fragmentos das transcrições das respostas dos entrevistados a cada um dos questionamentos.

---

[20] Todas as seis entrevistas foram gravadas com o conhecimento e autorização dos entrevistados. Posteriormente foram degravadas para que fosse realizada a análise dos resultados.

Tabela 6 – Sobre a percepção do entrevistado a respeito da sigla LGBT

Categoria	Pergunta	Respostas
Percepção sobre a sigla LGBT	Você sabe o significado da sigla LGBT?	1-Resposta: O significado de cada letra exatamente não sei [...] é um grupo composto por gays, lésbicas, bissexuais, travestis e outras pessoas com orientação sexual diferente da heterossexual. 2-Resposta: [...] É os gays, lésbicas, travestis, homossexuais. 3-Resposta: São lésbicas, gays, bissexuais, travestis e transexuais. 4-Resposta: [...] lésbicas, gays, bissexuais e transexuais. 5-Resposta: Lésbicas, gays, bissexuais e transexuais. 6-Resposta: Não. Complemento: Trata-se de lésbicas, gays, bissexuais, travestis e transexuais. Resposta: Eu achei que era de gays, lésbica. Todo o significado não sabia.

Fonte: Produzido pela autora, 2016.

Observa-se que ao serem questionados sobre o significado da sigla LGBT, praticamente todos os entrevistados responderam saber do que se tratava. Embora alguns não soubessem o significado exato de cada letra da sigla, demonstraram compreender se tratar do grupo de pessoas com orientação sexual diversa da heterossexual.

Tabela 7 – Sobre a percepção do entrevistado quanto à investigação policial do crime de homicídio envolvendo vítimas com orientação sexual/identidade de gênero LGBT

| Percepção quanto à investigação policial do crime de homicídio envolvendo vítimas com orientação sexual ou identidade de gênero LGBT | Quando se trata de um crime de homicídio que envolva vítimas lésbicas, gays, bissexuais, travestis ou transexuais (LGBT), essa informação é considerada relevante para a investigação policial? | 1-Resposta: De início sim, porque muitas vezes alguma informação em relação à autoria do crime tu vai conseguir com as próprias pessoas do grupo em que a pessoa está inserida, outros gays, outras lésbicas, é principalmente para ti ter um norte pra onde tu começar a tua investigação [...]. [...] mais em algumas situações específicas [...] homicídios ocorridos em zonas que são frequentemente frequentadas por gays, lésbicas e transexuais e coisas do tipo.
2-Resposta: Sim, porque são grupos de pessoas consideradas vulneráveis.
3-Resposta: Ela é relevante, porque tu sabendo que ela é LGBT tu pode analisar muitas vezes onde ela vive o círculo de amizade. [...]
4-Resposta: Normalmente a gente leva em consideração porque pode ser que tenha a ver com o caso [...].
5-Resposta: Na minha opinião, aqui na nossa área sim, porque já aconteceram vários delitos que a vítima, no caso, se prostituía e foi morta por desacerto, então no caso acontece também mortes de mulheres que se prostituem, mas às vezes a gente consegue com as colegas dessas pessoas saber quem seriam os autores, quem seriam os clientes costumeiros e às vezes os cafetões [...].
6-Resposta: Sim. É porque já se procura os prováveis desafetos nesse público [...] |
| | Quando se trata de vítima LGBT, há alguma dificuldade ou orientação para que essa informação não apareça nos autos? | 1-Resposta: Não, nunca encontrei nenhum óbice de familiar ou de algum amigo que não quisesse que essa informação constasse nos autos, nunca tive problema [...] nos casos em que eu trabalhei isso surgiu ao natural assim, até em casos em que a gente não sabia, nos depoimentos de familiares, a própria família já dizia 'olha ele era homossexual, tinha uma rotina assim', sempre veio de forma natural. |

| | 2-Resposta: [...] primeiro momento o tratamento é igualitário, a partir do momento de apurar alguns outros dados, procura dar um atendimento adequado conforme o treinamento que a gente recebe de dar uma maior atenção e sempre preservar a identidade dessas pessoas.
Complementando a pergunta: mas quando as vítimas são LGBT as famílias costumam ter alguma restrição em informar quando o policial chega ao local [...]?
Resposta: Não, não há receio em informar.
3-Resposta: Não. Nunca me pediram isso.
4-Resposta: Não, na verdade essa questão da orientação sexual ela só vai aparecer nos autos se ela for relevante para a investigação [...]
5-Resposta: como assim?
Complemento à pergunta: De informações, pedidos de familiares para que essa informação não apareça?
Resposta: a gente não encontra esse tipo de... todos que a vítima era LGBT os familiares disseram que era LGBT, etc. Eu, mexendo nos inquéritos não tive este tipo de dificuldade, as pessoas não tem mais vergonha de dizer que são [...].
6-Resposta: Não. Se for falar com familiar, por exemplo, se evita de tecer comentários, se deixa que eles tragam informações pra gente de como era a vida da pessoa, mas a gente não...a gente não sai contando o que a pessoa estava fazendo. Mas é importante botar nos relatórios, porque às vezes outros vão estar lendo os relatórios e aí já tem a noção do que tratar mais específico. Por que não é só a gente que está envolvido na investigação... quem está envolvido em fazer os relatórios é importante botar. |
|---|---|
| Em relação aos formulários de registro de ocorrência policial existe algum campo específico para o preenchimento da informação sobre a orientação sexual da vítima? | 1-Resposta: Não. Não recordo [...] nada específico assim. A gente faz constar no próprio histórico da ocorrência que a vítima era travesti, ou era gay, ou era homossexual ou lésbica. Faz constar para quem vai ler aquela ocorrência tenha noção assim, mas não que tenha um campo específico.
2-Resposta: Vi em uma ocasião, no momento de redigir um flagrante, que há um campo em que se pode apontar, ou não, porque é opcional [...], onde fala sobre a sexualidade. Em outros sistemas e formulários eu não recordo.
3-Resposta: [...] na hora de fazer a ocorrência eu fico na dúvida para te dizer. Mas, em relação à investigação não, não há nenhum formulário que tenha este campo específico.
4-Resposta: O OCR tem um campo e o SPJ também parece que tem.
5-Resposta: Não. Não que eu saiba. Ali no registro da ocorrência [...] que eu saiba não tem quanto a isso. Tem por o indiciado, por exemplo, preso o suspeito em flagrante, quando eu preencho, o. não é o BCI, mas é toda uma informação que sai se eu ponho acusado como participação, daí tem orientação sexual, tem vícios, aí tem mais campos, mas só se a pessoa é indiciada ou suspeita ou acusada, mas não como vítima.
6-Resposta: [...] Não, não tem. |
| 1.a – Pergunta: Como é feito o preenchimento desse campo? | Para os entrevistados 1, 2, 3, 5 e 6 não foi feito este questionamento em razão da resposta anterior ter sido negativa.
4- Resposta: Muitas vezes eu não vejo esse campo preenchido. Muitas vezes eu vejo ali na hora em que você vai qualificar a vítima na hora do preenchimento da ocorrência, às vezes, por exemplo, no interior quando eu acompanhei este preenchimento ali no OCR, muitas vezes o pessoal passa por cima disso aí. |

1.b - Você acredita que essa informação, se tivesse esse campo, ela contribuiria para a investigação do crime de homicídio? Facilitaria ou teria alguma influência na investigação sendo obrigatório esse campo?	1-Resposta: eu acho que toda a forma de detalhar o perfil da vítima, o perfil de testemunhas, coisas do tipo, sempre é válida [...]. 2-Resposta: Todo e qualquer detalhe sobre a vida de uma vítima de homicídio pode contribuir para a investigação. 3-Resposta: [...] como agente trabalha com investigação e quanto maior o número de informações o investigador tiver melhor e isso é apenas mais uma informação e seria útil com certeza. 4-Resposta: Em determinado caso ela pode contribuir quando pela própria investigação se verifica que foi num contexto de... enfim, um crime de ódio, embora eu repita, eu não tenha me deparado com este tipo de caso. 5-Resposta: Em relação à elucidação eu acho que não, mas em relação, a saber, que aquela pessoa, aquela vítima tenha, digamos, uma condição especial, talvez ajude no tratar com os familiares e com ela. Porque se a gente tivesse uma orientação de que a pessoa é transexual e ela quer ser chamada pelo nome de batismo ou pelo nome que ela escolheu, entendeu? Então eu poderia chegar e perguntar, assim, a gente poderia saber tratar melhor, mas não que isso ajude ou dificulte, mas no tratar talvez sim. Na parte humana! 6-Resposta: Olha! Como a gente preenche relatórios e essa informação vai ter que ir para dentro do relatório, do histórico eu acho que esse campo seria mais para dados, para uma pesquisa mais rápida, para gráficos, dados assim para saber rápido, estimativas. [...].

Fonte: Produzido pela autora, 2016.

Na segunda pergunta referente à relevância da informação sobre a orientação sexual ou identidade de gênero da vítima para a investigação policial, todos os entrevistados responderam ser relevante sim, pois pode auxiliar na localização, identificação de pessoas relacionadas à vítima e, consequentemente, colaborar com as investigações, bem como ajudar a traçar linhas de investigação.

Quanto a esta informação aparecer nos autos do Inquérito policial (terceira pergunta), a maioria dos entrevistados afirmou não ter dificuldade[21] em relação a isso, ou seja, mesmo nos casos que não era possível identificar pelas vestimentas das vítimas (referindo-se às vítimas travestis) a sua orientação sexual, como no caso das vítimas homens homossexuais e mulheres lésbicas, os familiares, amigos e testemunhas informavam aos policiais. Dos seis entrevistados, três disseram ser comum familiares e amigos comunicarem aos policiais quando a vítima tinha algum relacionamento com parceiro (a) LGBT ou trabalhar em pontos de prostituição, pois entendiam que isso poderia ser útil para as investigações.

---

[21] A dificuldade que referem os policiais seria com relação a ter conhecimento sobre a orientação sexual da vítima e esta informação constarem nos autos em razão de familiares, amigos e testemunha tentar esconder esse fato.

Todavia, duas respostas à terceira pergunta chamam a atenção. Uma delas foi pela forma "politicamente correta"[22] que elaborou a sua resposta, ou seja, afirmando haver um treinamento de como agir em situações com vítimas pessoas LGBT, "[...] procura dar um atendimento adequado conforme o treinamento que a gente recebe de dar uma maior atenção e sempre preservar a identidade dessas pessoas". O entrevistado, mesmo ressaltando que o tratamento deva ser igualitário, refere haver um "atendimento adequado" em relação a fatos envolvendo vítimas LGBT e que os policiais recebem "treinamento" para preservar a identidade das pessoas. Por esta resposta acredita-se que há uma preocupação do policial em afirmar que a orientação sexual da vítima seria mantida em sigilo.

A outra resposta chamou a atenção pela forma como o entrevistado se preocupou em demonstrar que essa informação (sobre a orientação sexual da vítima) somente apareceria nos autos se fosse realmente necessária.

Nestas duas respostas foi observado que os entrevistados se preocupam em esclarecer que mesmo que a informação sobre a orientação sexual da vítima seja apresentada aos policiais durante a investigação do caso, ela somente seria indicada nos autos do IP se fosse realmente necessário. Destacou-se esta preocupação em relação à cautela para expor à informação sobre a orientação sexual de vítimas LGBT, pois não foi observada a mesma atenção com esta situação nas respostas dos demais policiais, que apenas referiram não ter dificuldade para este dado aparecer nos autos do IP.

No que tange à existência de formulários com campo específico para constar a informação sobre a orientação sexual da vítima (quarta pergunta), este foi o ponto que mais causou imprecisões nas respostas, pois nenhum dos entrevistados soube afirmar com certeza se há ou não este formulário e/ou sistema. Dois entrevistados disseram que no sistema de registro de ocorrência há um campo,

---

[22] Falar de forma "politicamente correta" é fazer uso de uma linguagem que não faça com que um indivíduo de qualquer grupo demográfico (social ou cultural) se sinta excluído, ofendido ou diminuído. Para Avelar (2011) "A expressão 'politicamente correto' se firmou na língua inglesa como parte de uma ofensiva da direita estadunidense nas chamadas guerras culturais dos anos 1980 e 1990. Embora haja ocorrências da expressão em textos da New Left (a Nova Esquerda), foi naquelas batalhas que o termo passou a funcionar como designação de um suposto autoritarismo policialesco da esquerda no uso da linguagem. A esfera do politicamente correto abrangeria classe, raça, gênero, orientação sexual, nacionalidade, descapacitação e outros marcadores de subalternidade [...] a expressão 'politicamente correto' virou moeda corrente no Brasil. Com frequência, a mera menção de algum episódio que envolva racismo, homofobia, sexismo ou xenofobia é desqualificada com referência ao termo, que estaria nos impedindo de sermos nós mesmos. É como se 'politicamente correto' fosse um ser com vontade própria, um movimento, um sujeito dotado de consciência".

mas que, por não ser obrigatório, acaba por não ser preenchido. Logo, embora a maioria dos entrevistados ter respondido que a ciência sobre a orientação sexual da vítima é uma informação relevante para a investigação de homicídio pessoas LGBT, observou-se que não há uma preocupação ou uma orientação específica para o efetivo preenchimento dos campos com esses dados nos formulários dos sistemas da Polícia Civil do RS, o que acaba por dificultar o levantamento de dados oficiais sobre a violência relacionada a preconceitos em razão da orientação sexual no Estado.

Cabe salientar que em outros estados brasileiros, como Pará,[23] Rio de Janeiro,[24] São Paulo[25] e Minas Gerais,[26] há campos específicos para serem preenchidos no momento do registro de ocorrência com o nome social, orientação sexual e a indicação do motivo presumido (podendo ser indicado se foi vítima de violência motivada por orientação sexual e identidade de gênero). No Estado do Rio Grande do Sul há a possibilidade de preenchimento com o nome social e orientação sexual. Em relação ao motivo presumido, se informado, poderá ser incluído no histórico da ocorrência policial, pois não há um campo específico para esta informação.

Na sequência, são elencados formulários que constam no OCR, o Sistema de Registro de Ocorrências da Polícia Civil do Estado do Rio Grande do Sul. Na primeira imagem, podem-se visualizar os campos que estão disponíveis para preenchimento no momento do registro de uma ocorrência policial, quando o policial vai qualificar os participantes daquela ocorrência e que ficará registrado no sistema. A segunda imagem é de parte de um Boletim de Ocorrência, que demonstra quais os dados dos participantes aparecem na cópia impressa da ocorrência policial. Verifica-se que alguns dos dados

---

[23] NUNES, Aycha. Polícia Civil adota novos procedimentos em respeito à orientação sexual do cidadão. Secretaria de Estado de Segurança Pública e Defesa Social – Governo do Pará. 18/10/2012, 17h44min. Disponível em: <http://www.segup.pa.gov.br/node/1351>. Acesso em: 24 jul. 2016.

[24] ASSOCIAÇÃO DOS DELEGADOS DE POLÍCIA DO RIO DE JANEIRO. Portaria PCERJ Nº 574 de 08 de fevereiro de 2012. Disponível em: <http://www.adepolrj.com.br/portal2/Noticias.asp?id=11281>. Acesso em: 24 jul. 2016.

[25] MANZARO, Nathalia. Secretário anuncia mudanças pedidas pela comunidade LGBT no registro do B.O. Governo do Estado de São Paulo – Secretaria da Segurança Pública. 05/11/2015, 14h14min. Disponível em: <http://www.ssp.sp.gov.br/noticia/lenoticia.aspx?id=36440>. Acesso em: 24 jul. 2016.

[26] AGÊNCIA MINAS GERAIS. Cidadãos já podem declarar orientação sexual, nome social e identidade de gênero em registros de crimes. 06/01/2016, 16h05min, atualizado em 01/07/2016, 00h29min. Disponível em: <http://www.agenciaminas.mg.gov.br/noticia/cidadaos-ja-podem-declarar-orientacao-sexual-nome-social-e-identidade-de-genero-em-registros-de-crimes>. Acesso em: 24 jul. 2016.

que podem ser preenchidos no primeiro formulário não aparecerão no segundo, entre eles, o que se refere à orientação sexual.

Figura 1 – Formulário a ser preenchido no momento do registro de uma ocorrência policial[27]

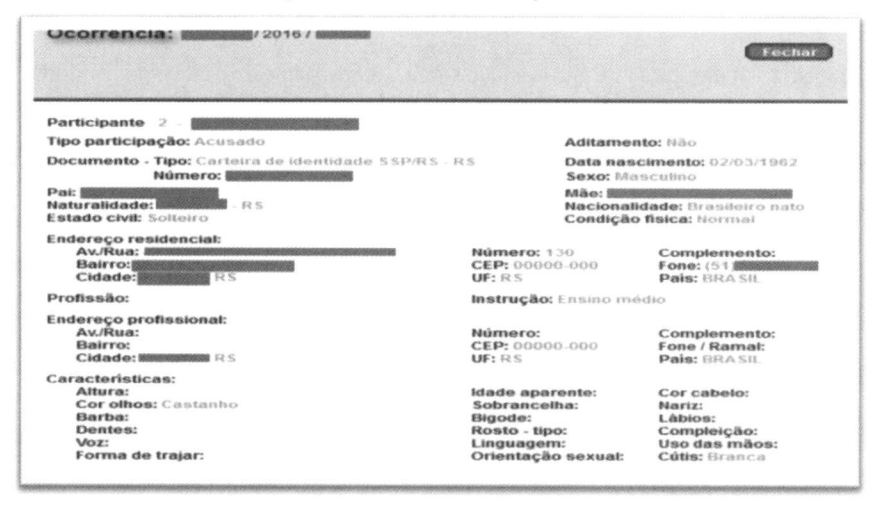

Figura 2 – Parte do documento de registro de ocorrência policial que será impresso

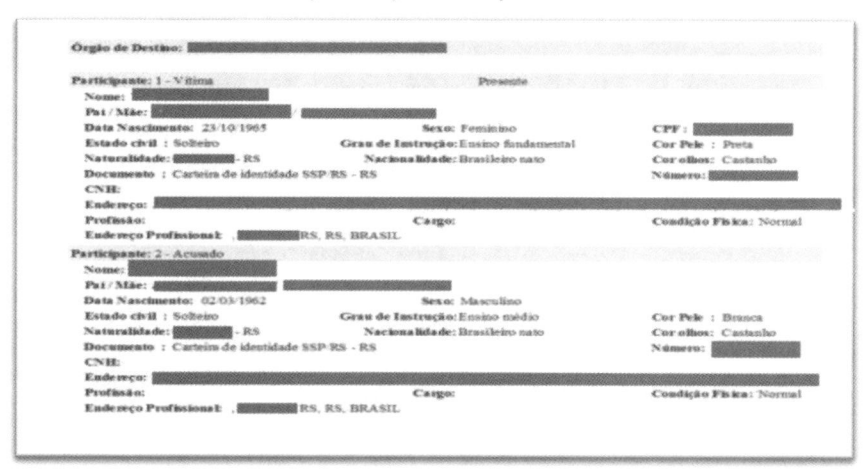

Fonte: Sistema Consultas Integradas – CSI, da Secretaria de Segurança do Estado do Rio Grande do Sul.

Ao serem questionados se efetivamente houvesse esse campo, a informação sobre a orientação sexual da vítima ali preenchida

---

[27] Considerando que a imagem é de um registro real, ocultaram-se com tarjas vermelhas os dados dos participantes a fim de preservar as identidades.

contribuiria para a investigação do crime de homicídio, a maioria dos entrevistados respondeu afirmativamente. Apenas um dos entrevistados entende que não, pois acredita que em relação à elucidação do crime não contribuiria, mas sim para o tratamento com os familiares e a própria vítima (em casos homicídio tentado).

Tabela 8 – A percepção do entrevistado sobre a motivação para o crime de homicídio envolvendo vítimas com orientação sexual ou identidade de gênero LGBT

| Percepção sobre a motivação para o crime de homicídio envolvendo vítimas com orientação sexual ou identidade de gênero | 5. Você tem conhecimento sobre as causas para os homicídios envolvendo vítimas LGBT? | 1-Resposta: as causas são as mais variadas assim, mas é... principalmente em relação à questão passional, à questão de envolvimento com o tráfico de drogas, disputa por pontos de prostituição, coisas desse tipo [...].
 2-Resposta: pela nossa experiência, ao contrário do que se ventila na mídia aí, muitas das ocasiões é pelo envolvimento deles é com prostituição, exploração da prostituição, são vítimas de exploração, por parte de [inaudível], cafetões, mas não é muito comum não, o crime de ódio como costumam ventilar.
 3-Resposta: [...] aqui na nossa região é mais por causa de não pagamento de "pedágio", a pessoas que trabalham na rua, as prostitutas, o não pagamento do pedágio no local, na região que elas trabalham [...].
 4-Resposta: dos casos que eu tenho contato aqui na delegacia [...] que houve vítima LGBT essas vítimas não necessariamente foram vítimas por serem LGBT, eram outros contextos profissionais, desavenças amorosas, coisas assim, ou ainda, as velhas disputas oriundas do tráfico, mas nenhum assim que tenha sido em consequência da orientação sexual.
 5-Resposta: Do que eu peguei aqui, eu posso dizer que é cliente que não quis pagar o programa, cafetão que estava exigindo dinheiro demais e a pessoa, a vítima, não quis se submeter ou então alguma coisa assim. [...] Eu trabalho aqui mais ou menos, vai fazer dois anos na semana que vem, eu não consegui achar nada que dissesse assim "é crime de ódio", no sentido eu matei, ou a pessoa foi morta em razão da orientação sexual dela [...].
 6-Resposta: [...] dos casos que eu trabalhei [...] foram mortos por estarem envolvidos com o tráfico, mas não por serem travestis assim... homofobia, nesse sentido, foram mortos por estarem envolvidos com o tráfico. Se fossem pessoas héteros naquela situação também teriam sido mortas, porque o tráfico que era a situação determinante para a morte dele. |
| | 5.a – Você considera que o preconceito, a discriminação em razão da orientação sexual seria um dos motivadores para estes delitos? | 1-Resposta: [...] eles frequentam mais a rua, as festas, à noite em si. E locais onde a violência está mais presente, então eu acho que o fato delas estarem mais expostas é mais motivador que o preconceito em si.
 2-Resposta: Num primeiro momento, como a primeira causa não [...]. |

3-Resposta: Olha o preconceito, a violência existe. A gente sabe que existe, a gente vê que existe, mas acredito que na nossa região é outro tipo de motivação, é mais por discussão. A discussão comum e não aquela motivada por homofobia, pelo ódio desse grupo LGBT. Eu não tive contato, ainda, com esse tipo de tentativa de homicídio ou de homicídio em relação a isso, por homofobia.
4-Resposta: Eu acho que podem ser motivadores sim, [...] da minha experiência fazendo investigação dos crimes de homicídios especificamente eu ainda não vi uma exposição maior do grupo LGBT por ser um grupo LGBT.
5-Resposta: [...] Sim, acho que eles estão mais expostos porque talvez se prostituam mais, acho que sim, talvez. Mas as mulheres também se prostituem, a gente é que não tem muito conhecimento. Talvez eles estejam sim, à margem da sociedade, [...] mas eu acho que não mais à margem do que a muita gente da população.
6-Resposta: [longo período em silêncio] Eu acho que eles podem contribuir, mas não de forma determinante. Eles são um plus. Mas isoladamente acho que não seriam a causa do delito. Acho que isoladamente, principalmente nestes casos que eu atendi, não seriam só por preconceito, só por discriminação, podem ter contribuído num somatório, mas não que isoladamente pudesse ter chegado a isso.

Fonte: Produzido pela autora, 2016.

No que se refere às causas para o crime de homicídio de pessoas LGBT, foi observada em todas as respostas uma preocupação em esclarecer que, dos casos atendidos naquela delegacia de polícia, nenhum teria ocorrido por ódio ou preconceito exclusivamente em relação à orientação sexual ou identidade de gênero da vítima.

As causas que mais foram apontadas se referem a questões passionais (brigas, ciúmes), prostituição (desacerto no acerto do "programa", do "pedágio" etc.) e tráfico de drogas.

A partir da degravação das entrevistas e análise das respostas se observou que foram, na maioria, muito semelhantes, demonstrando certa padronização a respeito do tema no ambiente policial.

2.5. Análises dos dados coletados: oficiais x não oficiais

Como já referido anteriormente, os números que são informados nos relatórios estatísticos sobre o crime de homicídio envolvendo indivíduos da população LGBT são coletados a partir de levantamento de notícias a esse respeito, pois não há dados oficiais disponíveis sobre este tipo de violência contra a população LGBT.

Dentro do recorte metodológico temporal adotado na pesquisa empírica, buscou-se identificar quais os números de casos de homicídios contra LGBT eram apresentados nos relatórios do Grupo Gay da Bahia, nos anos de 2013, 2014 e 2015, no Brasil, Estado do Rio Grande do Sul e cidade de Porto Alegre.

Tabela 9 – Números de casos de homicídios contra LGBT indicados pelo Grupo Gay da Bahia

ANO	2013	2014	2015
BRASIL	311	326	319
RS	13	05	07
PORTO ALEGRE	02	01	02

Fonte: Relatórios do Grupo Gay da Bahia dos anos de 2013, 2014 e 2015.

Conforme os dados indicados nos referidos relatórios da ONG, entre os anos de 2013 a 2015, puderam ser observadas oscilações nos números de homicídios. Os relatórios apontam o acréscimo de quinze casos em 2014 em relação ao ano de 2012 e a diminuição de cinco casos no ano de 2015 no Brasil.

Em relação aos números de homicídios ocorridos no Estado do Rio Grande do Sul e, incluído nesses, os casos ocorridos na capital de Porto Alegre, houve decréscimo no ano de 2014, comparando ao ano de 2012 e um aumento no ano de 2015, como pode ser observado nas demonstrações gráficas abaixo.

Gráfico 15 – Homicídios de LGBT no Brasil

Gráfico 16 – Homicídios de LGBT no Rio Grande do Sul

Gráfico 17 – Homicídios de LGBT em Porto Alegre

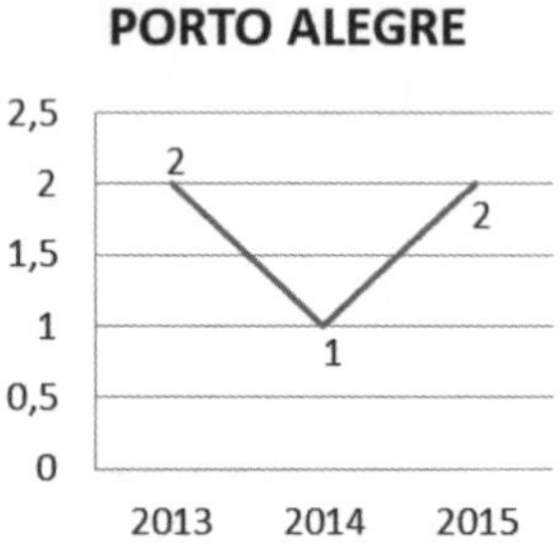

Fonte: Relatórios do Grupo Gay da Bahia dos anos de 2013, 2014 e 2015.

Estes relatórios do Grupo Gay da Bahia são divulgados anualmente[28] e servem como base para outros relatórios, inclusive, já referido, sendo utilizado como umas das referências para a Secretaria de Diretos Humanos da Presidência da República para realizar seus relatórios sobre a violência homofóbica no Brasil.

Desse modo, com o objetivo de verificar os índices oficiais de número de casos de homicídios envolvendo vítimas com orientação sexual ou identidade de gênero LGBT, buscou-se, através da pesquisa empírica de análise de inquéritos policiais, fazer um levantamento desses dados.

Todavia, em razão da viabilidade temporal e espacial para a realização da pesquisa, foi necessário estabelecer um recorte metodológico e optou-se, como já referido, por realizar a pesquisa na cidade de Porto Alegre, especificamente na 2ª Delegacia de Polícia de Homicídios e Proteção à Pessoa, pois é o local onde foram investigados todos os casos apontados pelos relatórios do Grupo Gay da Bahia que ocorreram na cidade de Porto Alegre entre os anos de 2013 e 2015.[29]

O objetivo da pesquisa, além da obtenção de dados oficiais, é verificar se houve aumento de casos de homicídios com vítimas LGBT no período analisado em Porto Alegre. Nesse sentido, levam-se em consideração apenas os dados de uma das seis Delegacias de Polícia de Homicídios e Proteção à Pessoa de Porto Alegre, portanto, não sendo, por isso, depurados outros casos que tenham sido atendidos em outras delegacias.

Tendo isso em consideração, a pesquisa empírica de análise dos inquéritos policiais indicou que no ano de 2013 ocorreram três homicídios com vítimas LGBT no local pesquisado, no ano seguinte foram dois e em 2015 novamente foram três casos. A partir disso, pôde ser observado que os números são divergentes em relação aos informados nos relatórios do Grupo Gay da Bahia, pois em todos os anos, do período analisado, houve uma diferença de um caso a mais nos dados identificados pela pesquisa empírica local.

---

[28] A divulgação é feita pelo site https://homofobiamata.wordpress.com/estatisticas/relatorios/.

[29] Nos relatórios do Grupo Gay da Bahia constam, não apenas os dados numéricos de casos, mas também é vinculada a notícia, o local de onde obtiveram a informação. Nas notícias constam diversas informações a respeito da vítima, local e circunstâncias do homicídio. Deste modo, foi possível fazer a identificação desses casos nos autos dos inquéritos policiais analisados durante a pesquisa empírica.

Tabela 10 – Números de casos de homicídios com vítimas LGBT ocorridos em Porto Alegre indicados nos relatórios do Grupo Gay da Bahia e os identificados na pesquisa empírica

ANO	2013	2014	2015
NÚMEROS GRUPO GAY DA BAHIA	02	01	02
NÚMEROS COLETADOS NA PESQUISA	03	02	03

Fonte: Produzido pela autora, 2016.

Nesse contexto, os dados oficiais podem ser ainda maiores que os divulgados nos relatórios que são elaborados a partir de dados coletados através de notícias.

De qualquer modo, tanto os números indicados pelo Grupo Gay da Bahia, quanto os identificados na pesquisa dos inquéritos policiais não demonstram um elevado aumento de casos, diferente do que pode ser observado em relação aos números gerais de homicídios divulgados pela Secretaria de Segurança Pública do Estado do Rio Grande do Sul no mesmo período.

Tabela 11 – Números de casos de homicídios ocorridos no Rio Grande do Sul e em Porto Alegre nos anos de 2013, 2014 e 2015

ANO	2013	2014	2015
RIO GRANDE DO SUL	1914	2342	2405
PORTO ALEGRE	459	572	584

Fonte: Indicadores criminais da SSP/RS de 2013, 2014 e 2015.

Disso se depreende que, enquanto o número identificado de homicídio de pessoas LGBT diminuiu em um caso de 2014 para 2013, o mesmo aumentou novamente em um caso no ano de 2015. Em relação aos números gerais do crime de homicídio, foi diferente.

No gráfico abaixo, é possível observar que houve um aumento gradativo de ocorrências de homicídios no triênio analisado. No Rio Grande do Sul, o aumento foi de 491 casos de 2013 para 2015 e, em Porto Alegre, foi de 125 casos.

Gráfico 18 – Números de casos de homicídios ocorridos no Rio Grande do Sul e Porto Alegre nos anos de 2013, 2014 e 2015

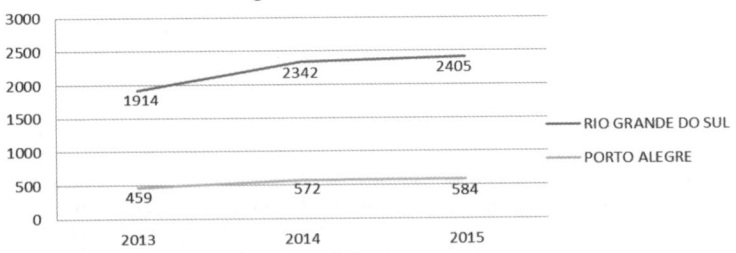

Fonte: Indicadores criminais da SSP/RS de 2013, 2014 e 2015.

Durante a pesquisa empírica realizada na 2ª Delegacia de Polícia de Homicídios e de Proteção à Pessoa de Porto Alegre se verificou que no período entre 2013 e 2015 foram instaurados 177 inquéritos policiais para investigar o crime de homicídio consumado. Deste total, 08 procedimentos tinham como vítimas pessoas LGBT.

Foram coletados dados sobre as vítimas e as circunstâncias que ocorreram os fatos investigados e, a partir disso, se verificou que do total de oito casos, quatro eram vítimas do sexo masculino, com orientação sexual homossexual, de cor branca, com faixa etária acima de 30 anos e que foram mortas na própria residência, mediante o uso de arma branca. Os outros quatro casos envolveram três vítimas do sexo masculino e de identidade de gênero travesti e transexual e uma vítima do sexo feminino com orientação sexual lésbica. Todos os delitos foram praticados em via pública e com a utilização de arma de fogo ou pedra.

Após a coleta de dados nos inquéritos policiais foram realizadas entrevistas com alguns policiais que trabalharam nas investigações dos crimes de homicídios cujas vítimas eram LGBT, com o objetivo de averiguar de que forma a polícia judiciária está atuando nesses casos.

Desse modo, analisando as respostas dadas pelos policiais civis aos questionamentos feitos durante a entrevista, percebeu-se que a investigação dos crimes de homicídios de vítima LGBT ocorre da mesma forma que nos demais casos de homicídio. Todavia, afirmaram os entrevistados que a informação sobre a orientação sexual ou identidade de gênero da vítima é relevante para a investigação, pois pode indicar algumas linhas para serem seguidas na investigação.

Constatou-se que não há, por parte dos agentes policiais, atenção ou preocupação de que a informação sobre a orientação sexual ou identidade de gênero apareça em campos específicos de formulários. A maioria dos entrevistados disse desconhecer se estes campos existem. Aqueles que afirmaram ter conhecimento dos formulários, dizem que não há obrigatoriedade no seu preenchimento (de alguns campos específicos como o caso da identidade de gênero e orientação sexual) e, desse modo, não são devidamente preenchidos.

A informação costuma ser encontrada no histórico da ocorrência policial, nos relatórios de investigação, depoimentos, ou seja, somente manuseando aos autos do procedimento policial. Por tal motivo, a dificuldade de se identificar os inquéritos policiais instaurados para investigar crimes contra LGBT.

Os entrevistados descreveram como principais motivações para este tipo de crime questões passionais (brigas, ciúmes), prostituição (desacerto no acerto do "programa", do "pedágio" etc.) e tráfico de drogas, por isso a importância de ter informações sobre o perfil da vítima, lugares que frequentava e pessoas com quem mantinha relação (familiares, amigos, colegas de trabalho).

Desse modo, na percepção dos entrevistados, os oito casos de homicídios de vítimas com orientação sexual ou identidade de gênero LGBT, investigados na 2ª Delegacia de Polícia de Homicídios e de Proteção à Pessoa de Porto Alegre, não tiveram por motivação o preconceito.

Ante tudo o que foi encontrado nos autos dos inquéritos policiais analisados (quem eram as vítimas, circunstâncias que ocorreram as mortes, depoimentos de testemunhas e familiares, relatórios etc.), bem como as entrevistas com os policiais civis que trabalharam em cada um dos casos identificados não há como afirmar que, no que se refere aos oito homicídios de pessoas LGBT que foram investigadas na 2ª DPHPP de Porto Alegre, tiveram motivação homofóbica.

3. Os movimentos sociais e os direitos LGBT

A existência de movimentos sociais não é recente, sendo possível perceber a existência deles em diferentes épocas através do estudo de quatro teorias: a da ação coletiva, da teoria da mobilização de recursos, do processo político e dos novos movimentos sociais.

A teoria da ação coletiva tem como principal teórico Herbert Blumer, considerado o "grande teórico a aplicar as análises do interacionismo simbólico para o estudo dos movimentos sociais" (GOHN, 2002, p. 30).

Para Blumer, seguidor do pensamento de George Hebert Mead,[30] as pessoas agem em relação às coisas de acordo com o que essas coisas significam para elas, ou seja, essa reação vai depender do grau de interação social dessa pessoa naquele meio, conforme refere Nunes:

> Os seres humanos agem com as coisas, com base nos sentidos que as coisas apresentam para elas; essas "coisas" incluem tudo que os seres humanos podem perceber no mundo, como objetos físicos, categorias de objetos, instituições, ideais, atividades e situações; o sentido dessas coisas é derivado ou emerge da interação social que temos com nossos semelhantes; esses sentidos são manipulados e modificados por um processo interpretativo, usado pela pessoa ao lidar com as coisas que ela encontra (NUNES, 2013, p. 258).

Sob a perspectiva do interacionismo simbólico, Blumer vê os movimentos sociais como processos que se originam de forma espontânea, sem preocupações com a organização, entretanto, durante seu desenvolvimento, vão adquirindo cultura e uma organização

---

[30] George Hebert Mead, autor norte-americano, oriundo da Escola de Chicago, para quem as razões que levam os seres humanos a buscar parcerias e cooperações ao longo das gerações não podem ser explicadas apenas por aspectos puramente fisiológicos. Para ele, a psicologia social e o interacionismo simbólico conseguiram capturar os motivos que levam os humanos a cooperarem uns com os outros (MELO JÚNIOR, 2007, p. 66).

social, com regras e valores, estabelecendo-se uma liderança e divisão de trabalho.

> Em seu início, um movimento social é frouxamente organizado e caracterizado pelo comportamento impulsivo. Não tem objetivo claro; seu comportamento e pensamento estão principalmente sob a dominância da inquietude e da excitação coletiva. Assim que um movimento social se desenvolve, entretanto, seu comportamento, que originalmente foi disperso, tende a se tornar organizado, solidificado e persistente. É possível delinear aproximadamente estágios na carreira de um movimento social que representam essa organização crescente (BLUMER apud NUNES, 2013, p. 259).

Desse modo, ao observarmos os movimentos sociais durante a teoria clássica da ação coletiva, entre os anos 30 e 60, é possível perceber a utilização do método investigação psicológica que procura examinar do modo mais objetivo o comportamento humano através do acompanhamento de seus estímulos e reações, ou seja, de que forma as pessoas se comportam no ambiente social.

A partir do final da década de 1960 e década de 1970, surge uma mudança em torno dos movimentos sociais fazendo com que sejam redirecionados os focos de estudo desses eventos. Para Nunes (2014, p. 132), "a contestação social e política levada a cabo pelo movimento dos direitos civis", nos EUA, "contribuiu para o surgimento das teorias da mobilização de recursos (TMR) e do processo político (TPP), assim como, na Europa, os protestos emergentes no mês de maio de 68, conduziram à construção das análises em torno dos novos movimentos sociais".

McCarthy e Zald, considerados os representantes da Teoria de Mobilização de Recursos, demonstram que, em contraponto à teoria anterior, em que o objetivo era entender o comportamento, as emoções coletivas, nesta, as explicações estavam na racionalidade. Sobre a teoria defendida por McCarthy e Zald, Alonso (2009, p. 51) ressalta que "o eixo das análises deslocou-se das estruturas para os aspectos estratégicos racionais da ação e para a mobilização de recursos materiais, humanos e simbólicos".

> Longe de emotiva, a decisão de agir seria ato de deliberação individual, resultado de cálculo racional entre benefícios e custos [...].
> A TMR aplicou a sociologia das organizações ao seu objeto, definindo os movimentos sociais por analogia com uma firma. A racionalização plena da atividade política fica clara no argumento da burocratização dos movimentos sociais, que, gradualmente, criariam normas, hierarquia interna e dividiriam o trabalho, especializando os membros, com os líderes como gerentes, administrando recursos e coordenando as ações (ALONSO, 2009, p. 52).

Para Gohn (2002, p. 51), "a variável mais importante da mobilização de recursos, como o próprio nome indica, é a dos recursos: humanos, financeiros e de infraestrutura variada". A autora observa, ainda, que,

> os movimentos surgiriam quando os recursos se tornassem viáveis. Posteriormente esta asserção foi alterada: os movimentos surgem quando se estruturam oportunidades políticas para ações coletivas, assim como as facilidades e líderes estão em disponibilidade. Os movimentos também estruturam o seu cotidiano segundo o estoque de recursos que possuem, sendo os principais os econômicos, humanos e de comunicação (GOHN, 2002, p.51).

Nesse contexto, na década de 1970, a contestação social e política levada a cabo pelos movimentos dos direitos civis fez com que surgisse nos Estados Unidos da América, além da teoria da mobilização de recursos, também a teoria do processo político, cujo representante mais conhecido é o cientista social estadunidense Charles Tilly.[31] Esta teoria, da mesma forma, "tem sido analisada como integrando uma abordagem racional dos movimentos sociais", mas diferente do que ocorre na teoria de mobilização de recursos, "se concentra não na mobilização dos recursos internos aos movimentos sociais, mas dos que lhes são externos, ou seja, é valorizado o ambiente político que os rodeia para compreender os fatores que possibilitam ou dificultam a sua expansão" (NUNES, 2013, p. 134).

Para Tilly (2010), o sucesso das mobilizações representava o resultado das formas como os movimentos sociais se organizavam.

> A história ajuda, finalmente, porque chama a atenção para as condições políticas cambiantes que tornam possíveis os movimentos sociais. Se os movimentos sociais começarem a desaparecer, seu desaparecimento será um indicativo de estar chegando ao fim um importante veículo de participação das pessoas na política. A ascensão e a queda dos movimentos sociais marcam a expansão e a contração das oportunidades democráticas (TILLY, 2010, p. 136).

Tilly (2010, p. 150) afirma, ainda, que "a democratização[32] promove a formação de movimentos sociais", pois ainda que a demo-

---

[31] Com a publicação, em 1978, do seu consagrado "From mobilization to revolution", Charles Tilly incorpora novas abordagens sobre os comportamentos e as ações coletivas, que se tornaram referências para os estudiosos da área. Nessa obra, Tilly procura trabalhar com as teorias sobre ação coletiva a partir das obras de Marx, Weber e Durkheim, não se restringindo somente aos três clássicos das Ciências Sociais. Ele congregou novos elementos teóricos ao seu estudo. Por exemplo, para compreender como as mudanças nas estruturas sociais afetavam as formas de ação coletiva, recorreu aos historiadores marxistas da escola inglesa – Hobsbawm e Thompson – assim como a Escola dos Annales, principalmente às concepções de longa duração de Fernand Braudel (MELO JÚNIOR, 2007, p. 79-80).

[32] Entendamos por democratização o desenvolvimento de regimes caracterizados por uma cidadania relativamente ampla e igualitária, vinculando consulta aos cidadãos com respeito

cratização limite a extensão das ações coletivas populares factíveis e efetivas, como nos casos em que as instituições democráticas normalmente acabam inibindo as rebeliões populares violentas, há um "empoderamento [empowerment] dos cidadãos, por meio de eleições competitivas e outras formas de consulta, se vincula à proteção das liberdades civis", como por exemplo, a associação e reunião, que servirão para canalizar as demandas populares em formas de movimento social. Da mesma forma Tilly salienta que "os movimentos sociais afirmam a soberania popular".

> Embora os movimentos singulares discordem ardentemente entre si a respeito de quem pode ser considerado como "o povo", o aparato conjunto de campanha, repertório e demonstrações de VUNC[33] corporifica a alegação mais geral de que os assuntos públicos dependem, e devem depender do consentimento dos governados. A alegação não é necessariamente democrática, visto que algumas vezes os movimentos étnicos, religiosos e nacionalistas investem seus poderes em líderes carismáticos ao invés de fazê-lo na deliberação democrática, conquanto ainda insistam em que tais líderes corporificam a vontade do povo como um todo (TILLY, 2010, p. 150).

Contudo, observa Tilly (2010) que as formas, o pessoal e as demandas dos movimentos sociais variam e evoluem historicamente, mostrando uma mudança de postura dos atores sociais.

Desse modo, como já referido, enquanto nas décadas de 1960 e 1970, nos Estados Unidos da América, o estudo dos movimentos sociais era influenciado pelo movimento dos direitos civis e pela abordagem organizacional e política através da teoria de mobilização de recursos e pela teoria do processo político, na Europa as pesquisas centravam-se na análise dos protestos de Maio de 1968 na França[34] e, acabaram se estendendo para outros países, inclusive para os EUA, porém com uma novidade identitária e cultural trazida pela teoria de Alain Touraine (NUNES, 2014).

Considerados como os principais teóricos dos Novos Movimentos Sociais: Alain Touraine, Jürgen Habermas, Alberto Melucci,

---

à política, ao pessoal e aos recursos governamentais, e pelo menos alguma proteção aos cidadãos contra ações arbitrárias dos agentes governamentais (TILLY, 2010, p. 150).

[33] VUNC significa: valor, unidade, números e comprometimento (TILLY, 2010, p. 137).

[34] Conforme explica Gohn (2014, p. 81) o Maio de 1968 francês não foi uma simples rebelião juvenil porque os ideais libertários que ele continha rapidamente se espalharam em diversas partes do mundo, em diferentes conjunturas sociopolíticas e culturais. Expressou-se pelo inconformismo, como um grito de revolta dos estudantes, que se disseminou entre trabalhadores, mulheres, negros e outras categorias sociais oprimidas, que passaram a se organizar em movimentos sociais. O centro e a periferia do mundo foram sacudidos e, em todos os casos, houve a manifestação da voz das maiorias silenciadas nas periferias, principalmente nas grandes cidades.

produziram uma análise efetivamente cultural para os movimentos sociais, ainda que, cada um tenha a sua teoria própria para o que seria a modernidade, mantém o mesmo argumento central. "Ao longo do século XX, uma mudança macroestrutural teria alterado a natureza do capitalismo, cujo centro teria deixado de ser a produção industrial e o trabalho" (ALONSO, 2009, p. 59). Ou seja, verificava-se o surgimento de uma nova sociedade que dava lugar, consequentemente, a novos temas e agentes para as mobilizações coletivas.

Para Touraine (1989, p. 5), "a vida social não poderia mais ser entendida como manifestação de exigências funcionais, mas como um processo de constante invenção através de conflitos e negociações e das regras da vida coletiva". Sobre a mudança na forma como acontecem os movimentos sociais na sociedade pós-industrial, o autor refere que:

> As reivindicações sociais foram desarticuladas no passado pelo fato de que combatiam sempre um adversário social real, mas que também recorriam ao representante de uma ordem meta-social. O Trabalhador dependente combate seu senhor, proprietário de terra ou comerciante, mas recorre à justiça do padre ou do rei. O operário combate o capitalismo, mas o socialismo é também convocação a um Estado nacional, agente quase "natural" do desenvolvimento histórico. Mais ainda, todo movimento social, agente de conflito, sempre vinculou sua ação de oposição à imagem de uma comunidade reunificada que permitisse a expansão do homem, o livre desenvolvimento das forças produtivas, a realização da unidade nacional, a defesa do bem comum etc. [...] (TOURAINE, 1989, p. 6-7).

Em outras palavras, os autores contemporâneos precisam analisar os movimentos sociais de outra forma, pois o modo de produção desses movimentos mudou, fazendo surgir, assim, novos movimentos sociais.

> Sociedades pós-materialistas, pós-industriais, pós-afluentes, baseadas na informação, constituem arranjos estruturais que criam, exatamente nessa ordem, novas formas de estratificação, novos grupos de conflito, novos padrões de dominação e novas percepções dos objetivos e interesses em jogo. [...] Mais do que reivindicar uma redistribuição, os movimentos contemporâneos de protesto concentram-se nos códigos, no conhecimento e na linguagem. O conflito baseado na opressão torna-se simbólico, e sua análise requer métodos interpretativos, não somente modelos explicativos (ALEXANDER, 1998, s/p.).

Para Touraine, na sociedade industrial os conflitos se davam em razão da produção, do trabalho industrial e os atores das mobilizações seriam os próprios trabalhadores das indústrias, ou seja, o movimento operário era a forma típica de conflito naquela sociedade. Diferentemente, do que acontece após os anos de 1960, quando se configura um novo padrão de sociedade e que o autor chama de sociedade pós-industrial. O centro dos conflitos deixa de ser a indústria e o trabalho inicia um período de dominação cultural[35] (ALONSO, 2009).

Como salienta Alonso (2009), na sociedade pós-industrial, há uma mudança em relação às mobilizações fazendo surgir novos sujeitos:

> As novas mobilizações não teriam uma base social demarcada. Seus atores não se definiriam mais por uma atividade, o trabalho, mas por formas de vida. Os "novos sujeitos" não seriam, então, classes, mas grupos marginais em relação aos padrões de normalidade sociocultural. Isto é, poderiam vir de todas as minorias excluídas (Tourainelista negros, hispânicos, índios, homossexuais, mulheres, jovens, velhos, intelectuais) e teriam em comum uma atitude de oposição. Seus exemplos principais são os movimentos feminista e ambientalista.
>
> Os movimentos sociais nasceriam na sociedade civil e, portadores de uma nova "imagem da sociedade", tentariam mudar suas orientações valorativas. Os movimentos sociais aparecem, então, como o novo ator coletivo, portador de um projeto cultural. Em vez de demandar democratização política ao Estado, demandariam uma democratização social, a ser construída não no plano das leis, mas dos costumes; uma mudança cultural de longa duração gerida e sediada no âmbito da sociedade civil (ALONSO, 2009, p. 61).

Para Habermas (2001, p. 557), os novos movimentos sociais surgem associados à fase do que ele chama de "capitalismo tardio". O autor refere, ainda, que são nas sociedades modernas ocidentais que se consolidam as funções sociais do estado, através da regulação das economias e da redistribuição dos rendimentos.

No entanto, a consolidação do estado providência é acompanhada pelo desenvolvimento de um sistema burocrático e racional que se estende a todas as dimensões da vida em sociedade e tende a colonizar o que o autor (HABERMAS, 2001) qualifica como mundo da vida, ou seja, o espaço da reprodução simbólica, da interação e comunicação subjetiva dos indivíduos. É por oposição a essa hegemonização do espaço do mundo da vida que surgem as condições para o aparecimento de novos protestos.

Nesse contexto, os novos movimentos sociais se estabelecem a partir de protestos em razão de questões que transpõem a esfera material e são estimulados por uma nova classe média que procura

---

[35] Os conflitos do trabalho teriam se diluído, processados pelas instituições democráticas, como expansão de direitos, e pelas instituições capitalistas, como aumento de salários. A dominação teria se tornado eminentemente cultural, feita por meio do controle da informação por uma tecnocracia. Técnica e cultura passariam a interpenetrar-se, as distinções entre mundo público e privado teriam se nublado, fazendo com que os conflitos, antes restritos ao plano econômico, avançassem para a vida privada (família, educação, sexo) e ganhassem dimensões simbólicas (ALONSO, 2009, p. 60).

programar novas formas de ação política (NUNES, 2014), ou seja, esses novos movimentos surgem em razão de outros tipos de demandas, com outras pessoas, que não apenas a classe operária que se manifestava em razão de questões matérias. Trata-se de uma nova identidade para esses movimentos, a qual muda conforme vai mudando a sociedade.

Gohn (2002, p. 124) destaca que nos Novos Movimentos Sociais "a identidade é parte constitutiva da formação dos movimentos, eles crescem em função da defesa dessa identidade", referindo-se "à definição dos membros, fronteiras e ações do grupo".

Desse modo, como menciona Touraine (2016, p. 18) "os movimentos sociais exercem uma função essencial na transformação social e cultural das sociedades".

No mesmo sentido, Gohn (2011, p. 336) considera os movimentos sociais como "formas de ações coletivas que permitem às pessoas se articularem e se mobilizarem em relação às diferentes demandas realizam diagnósticos sobre a realidade social, constroem propostas". Dessa forma é possível construir ações coletivas que vão permitir agir como resistência à exclusão e lutar pela inclusão social. Esses atos "constituem e desenvolvem o chamado *empowerment*[36] de atores da sociedade civil organizada, à medida que criam sujeitos sociais para essa atuação em rede" e assim, afirma Gohn:

> Tanto os movimentos sociais dos anos 1980 como os atuais têm construído representações simbólicas afirmativas por meio de discursos e práticas. Criam identidades para grupos antes dispersos e desorganizados [...]. Ao realizar essas ações, projetam em seus participantes sentimentos de pertencimento social. Aqueles que eram excluídos passam a se sentir incluídos em algum tipo de ação de um grupo ativo (GOHN, 2011, p. 336).

Portanto, os movimentos sociais são importantes a partir do momento que passam a dar "empoderamento" à pessoa ou grupos de pessoas que se sentem, de alguma forma, excluídos de determinada sociedade ou parte dela e, a partir disso, passam a se sentir encorajadas a exigir mudanças e lutar por seus direitos.

---

[36] *Empowerment* é um termo inglês que pode ser traduzido para o português como "empoderamento". Portanto, o *empowerment* nesse contexto relaciona-se ao poder de transformação e mudanças que classes socialmente discriminadas alcançam através de seu "empoderamento". [...] Normalmente essas classes que sofrem algum tipo de preconceito, tomam consciência de sua capacidade de mudança e de luta pelos seus direitos, ou seja, tomam consciência do seu "empoderamento" e partem para uma mudança de atitude e passam a não se sujeitarem mais à repressão e preconceito. Podemos dizer que o *empowerment* neste caso, é um fenômeno que ocorre coletivamente e que tende a mudar as relações sociais (DICIONÁRIO ONLINE, 2016).

Os movimentos sociais passam, portanto, a desempenhar um papel importante para a democracia, pois são considerados atores na construção de espaços deliberativos de modo a manter posicionamento crítico em relação às instituições públicas, às suas decisões ou mesmo à falta delas.

Um dos possíveis caminhos para o aperfeiçoamento democrático é reforçar o caráter conflitivo entre os movimentos sociais e o sistema político. Através de ações na esfera pública, os movimentos sociais podem chamar a atenção da sociedade para determinadas temáticas, pressionando desta forma o sistema político a promover as mudanças ou manutenções de políticas que os primeiros considerem relevantes.

Portanto, os movimentos sociais são considerados atores importantes na construção de espaços deliberativos, mantendo uma postura crítica em relação a outras instituições públicas, ao Estado, sempre procurando levar ao debate novas demandas que a sociedade atual exigir.

3.1. Os novos movimentos sociais

No item anterior, verificou-se que ao longo das décadas de 1970, 1980 e 1990 os movimentos sociais emergem e lhes é reconhecida a possibilidade de construírem um novo paradigma de cultura política e de uma organização emancipatória.[37]

Os novos movimentos sociais deixam de ser institucionais e passam a ser caracterizados como horizontais, descentralizados, sem identificação hierárquica. Não se identificam lideranças, são grupos de pessoas que se unem em razão de uma causa em comum.

Para Wolkmer (2015, p. 130), novos movimentos sociais são:

> Sujeitos históricos transformados (em sentido individual e coletivo), advindos de diversos estratos sociais e integrantes de uma prática política cotidiana com reduzido grau de "institucionalização", imbuídos de princípios valorativos comuns, resistentes às estruturas oficiais de poder, e objetivando a realização de necessidades humanas fundamentais (destaques do autor).

---

[37] Giddens ao falar sobre as consequências da Modernidade já referia a importância do papel dos movimentos sociais para as transformações da sociedade ressaltando que: "como modalidade de engajamento radical com importância difusa na vida social moderna, os movimentos sociais fornecem pautas para potenciais transformações futuras" (1991, p. 158).

Também, os movimentos sociais abrolham como uma nova fonte de produção jurídica diante da impotência do sistema jurisdicional e a desatualização da legislação positiva dogmática. Pois no contexto de sociedade atual contemporânea com uma multiplicidade de novas exigências, necessidades e conflitos em espaços sociais e políticos periféricos, tensos e desiguais, é importante reconhecer nos novos movimentos sociais essa nova fonte geradora de novos direitos, direitos esses mais flexíveis e menos formalizados (WOLKMER, 201-, p. 4).

Gohn (2013, p. 7), da mesma forma, defende a ideia de que os movimentos sociais podem ser considerados como uma nova fonte geradora de direitos, afirmando que os movimentos sociais vêm sendo considerados no Brasil, a partir dos anos 1970-1980, "como fonte de renovação das ciências sociais e da forma de fazer política". Observa a autora, ainda, que no início se sobressaíam pela emergência popular urbana que reivindicava bens e equipamentos coletivos de consumo e, também, por questões relacionadas à moradia, usualmente articulados, em termos territoriais, ao nível do bairro ou de uma região. Destacavam-se, ainda, na luta contra o regime militar. Entretanto, com o passar do tempo outras demandas surgiram como "na área do meio ambiente, direitos humanos, gênero, questões étnico-raciais, religiosas, movimentos culturais etc., e deram uma nova identidade aos movimentos sociais".

No primeiro momento, até os anos 1990,[38] os processos de mobilizações eram mais pontuais, enquanto, com o passar dos anos, se tornaram processos de mobilização de massa.

> As manifestações atuais são diferentes das dos anos de 1990, mas são, ao mesmo tempo, resultado de conjunturas econômicas e políticas que foram estruturadas naquela década com a globalização que produziu uma geração ampliada de excluídos. Aos excluídos pela pobreza, agregaram-se os excluídos pelas novas regras da divisão internacional do trabalho, no acesso ao emprego no mercado de trabalho, especialmente jovens, limitando-lhes também o acesso ao mundo do consumo, consumo esse que foi negado nas manifestações de seus pais na década de 1960, mas que foi o grande fator de integração social dessa geração de pais na década de 1990 (GOHN, 2013, p. 19).

---

[38] Sobre esse período refere ainda Gohn (2013, p.19) "no Brasil e em vários outros países da América Latina, no final da década de 1970 e parte dos anos de 1980, ficaram famosos os movimentos sociais populares articulados por grupos de oposição ao então regime militar, especialmente pelos movimentos de base cristãos, sob a inspiração da Teologia da Libertação. Ao final dos anos de 1980, e ao longo dos anos de 1990, o cenário sociopolítico se transformou radicalmente".

Conforme mencionado anteriormente, a partir de 1990, movimentos sociais ganharam outra identidade em razão de novas reivindicações, momento em que surgem os Fóruns Nacionais (de Luta pela Moradia, pela Reforma Urbana, de Participação Popular etc.) e, através deles, identificavam-se os problemas sociais, bem como se definiam metas e objetivos estratégicos para solucioná-los, através de parcerias entre a sociedade civil organizada e o poder público, impulsionado por políticas públicas estatais, como, por exemplo: o Orçamento Participativo, a política de Renda Mínima, bolsa-escola, criação de albergues públicos para acolhimento de moradores de rua etc. (GOHN, 2013).

Deste modo, mesmo diante de possíveis resistências, não há como negar que os movimentos sociais se tornaram novas fontes (paralela e concorrente) de produção jurídica, quebrando-se, assim, o paradigma do sistema monista jurídico estatal, neste sentido afirma Wolkmer (201-, p. 5) que "ainda que possa haver resistência por parte da cultura oficial normativa e de seus aparatos burocráticos, a comprovação de 'legalidade paralela ou concorrente' a partir da luta por direitos torna-se, gradativamente, inconteste e por demais evidentes".

Portanto, os novos movimentos sociais tornam-se uma forma plural de gerar legitimidade, a partir de práticas e relações sociais surgidas na concretude efetiva da sociedade, ou seja, uma fonte geradora de outras formas jurídicas menos formalizadas. Como consequência desse reconhecimento da necessidade de redefinição das fontes de produção jurídica, também se deve reconhecer o Estado não mais como o detentor único do monopólio de criação jurídica, mas como uma instância democratizada mandatária da Comunidade, habilitado a prestar serviços a uma ordem pública plenamente organizada pelo exercício e pela participação da cidadania individual e coletiva.

Para Wolkmer (201-, p.5), ao estarmos diante destas práticas sociais cotidianas e necessidades efetivas, internalizadas pelos novos movimentos sociais que têm consciência, identidade e autonomia, emerge uma nova concepção de direitos mais mutáveis, elástica e plural que transcende aos direitos estatais consagrados nos limites da doutrina imperante e da legislação positiva. Materializa-se, assim, a compreensão não apenas por direitos estáticos, ritualizados e equidistantes dos conflitos sociais, mas "direitos vivos" referentes à qualidade de vida, ou seja, à subsistência, à saúde, à moradia, à educação, ao trabalho, à segurança, à dignidade humana etc. Desta maneira, esses novos direitos têm sua eficácia na legitimidade dos múltiplos "sujeitos da juridicidade", legitimidade assentada nos critérios das necessidades, participação e aceitação. É inegável, em um processo de luta por justiça, a importância e a interferência destes novos movimentos sociais para dar eficácia a uma nova legalidade, uma legalidade advinda de práticas e negociações resultantes de demandas e de carências superadoras de conflitos e de carências.

Portanto, diante de uma proposta de um novo paradigma, de uma pluralidade jurídica, os novos movimentos sociais surgem não na intenção de negar ou mesmo em minimizar o direito estatal, mas buscando o seu reconhecimento como atores deste processo de concepção de novas formas de direito que possam ser criados e aplicados de forma autônoma em relação ao poder do Estado.

E nesse contexto, de novos movimentos sociais, encontra-se o movimento social homossexual ou LGBT.[39] Portanto, necessário compreender como foram as primeiras manifestações dos homossexuais no Brasil. Desse modo, importa a contextualização da Revolta de Stonewall, considerado o marco desse movimento internacionalmente e que, por isso, acabou influenciando no surgimento de outros manifestantes em diversos países, especialmente no Brasil.

3.2. A Revolta de Stonewall – o marco do movimento homossexual internacional

Tentativas de realização de movimentos em defesa dos homossexuais[40] existiram antes da Revolta de *Stonewall* em Nova Iorque no ano de 1969. Estes movimentos utilizavam como bandeira a defesa dos direitos e o respeito a homossexuais em busca do reconhecimento perante leis dos direitos civis, conforme nos relata Reis (2007):

---

[39] Quanto à denominação "movimento homossexual" ou "movimento LGBT", Simões e Facchini (2009, p. 15) explicam que "a denominação por meio da sigla é, de todo modo, bastante recente. Até 1992, o termo usado era 'movimento homossexual brasileiro', às vezes designado pela sigla MHB, e os congressos de militância eram chamados de 'encontros de homossexuais'". Assim, refere os autores, que a partir do início da década de 1990 que o "movimento homossexual anterior se transformou no multifacetado movimento atual de gays, lésbicas, bissexuais, travestis, transexuais, sob a emblemática bandeira do arco-íris" (SIMÕES, FACCHINI, 2009, p. 23).

[40] Considerando que neste capítulo faz-se uma abordagem histórica dos movimentos sociais de lésbicas, gays, bissexuais, travestis e transexuais e, conforme explicado na nota anterior, a denominação inicial destes movimentos era "movimento homossexual", opte-se por manter esta nomenclatura.

As primeiras tentativas de organização de um movimento homossexual[41] contra a discriminação e em prol dos direitos tiveram início na Europa Central, no período entre 1850 e 1933, como uma reação a uma onda de legislação que criminalizava atos sexuais entre pessoas do mesmo sexo e o "travestismo". O movimento foi mais forte na Alemanha, mas acabou em 1933, com o advento do regime nazista. No Holocausto, mais de 200 mil homossexuais foram mortos.

Na Europa e nos Estados Unidos, o movimento homossexual começou a se estruturar, novamente, logo após a Segunda Guerra Mundial, mas foi na década de 60, nos Estados Unidos, com os hippies e a contracultura americana, que surgiu um movimento GLBT de contestação (REIS, 2007, p. 101).

No entanto, para estudiosos do movimento homossexual, como Facchini (2005), Simões e Facchini (2009), Fry e MacRae (1985), Jiménez (2009) e Passamani; Maia (2011) entre outros, o marco da organização homossexual foi a revolta ocorrida no Bar Stonewall Inn no ano de 1969, onde um grupo de pessoas se rebelou contra a atuação violenta da polícia nos bares frequentados principalmente por homossexuais e lésbicas. O fato teve muita repercussão, não apenas nos Estados Unidos, mas também internacionalmente e, por isso, passou a ser considerado como um marco para o movimento, e a data de 28 de junho de 1969, consagrada como o "Dia Internacional do Orgulho Gay".

O que aconteceu naquela noite no Bar Stonewall Inn não foi apenas uma rebelião dos frequentadores do local contra a atuação da polícia, como ressalta Simões e Facchini (2009, p. 45):

> De fato, não foi um acontecimento espetacular isolado, mas sinalizava uma mudança mais geral nas vivências de boa parte das populações de homens e mulheres homossexuais, no sentido de tornar visível e motivo de orgulho o que até então tinha sido fonte de vergonha e perturbação e deveria ser mantido na clandestinidade. "O amor que não ousava dizer seu nome" tinha saído às ruas, criara sua própria rede de trocas, encontros e solidariedade, desenvolvera um senso mais positivo de autoestima pessoal e coletiva corporificado nas novas identidades de gays e lésbicas, referidas à singularidade de seus desejos sexuais. Palavras de ordem como "assumir-se" ou "sair do armário" foram postas em prática, com a intenção de recriar um novo modo de existência em função da especificidade do desejo sexual vilipendiado, como abrigo, resistência e combate à hostilidade e à opressão.

Este episódio, portanto, é considerado um marco, pois até a noite de 28 de junho de 1969, lésbicas, gays, bissexuais, travestis e transexuais – LGBT – eram, sistematicamente, acuados e sofriam

---

[41] O termo movimento homossexual é aqui entendido como o conjunto das associações e entidades, mais ou menos institucionalizadas, constituídas com o objetivo de defender e garantir direitos relacionados à livre orientação sexual e/ou reunir, com finalidades não exclusivamente, mas necessariamente políticas, indivíduos que se reconheçam a partir de qualquer uma das identidades sexuais tomadas como sujeito desse movimento (FACCHINI, 2003, p. 84).

todo tipo de preconceitos, agressões e represálias por parte do departamento de polícia de Nova Iorque. Entretanto, naquela noite, a população LGBT, presente no bar Stonewall, decidiu dar um basta àquela triste realidade de opressão e resistiram ao cerco policial. Esta resistência conseguiu a atenção de muitos países, em especial a do governo dos Estados Unidos, para os seus problemas. O objetivo dessas pessoas (LGBT) era (é) alcançar o respeito próprio e social, além do reconhecimento de que tinham e têm direitos civis iguais ao do restante da população.

Não apenas o movimento homossexual, mas também outros eram chamados de "novos movimentos sociais" na década de 1960, entre eles, conforme Miskolci (2012, p. 21), "o movimento pelos direitos civis da população negra no Sul dos Estados Unidos, o movimento feminista da chamada segunda onda e o então chamado movimento homossexual". Para o autor, esses novos movimentos[42] se destacaram, pois tinham demandas que colocavam em risco os padrões morais da época:

> De forma geral, esses movimentos afirmavam que o privado era político e que a desigualdade ia além do econômico. Alguns, mais ousados e de forma vanguardista, também começaram a apontar que o corpo, o desejo e a sexualidade, tópicos antes ignorados, eram alvo e veículo pelo qual se expressavam relações de poder. A luta feminista pela contracepção sob o controle das próprias mulheres, dos negros contra os saberes e práticas racializadoras e dos homossexuais contra o aparato médico-legal que os classificava como perigo social e psiquiátrico tinham em comum demandas que colocavam em xeque padrões morais (MISKOLCI, 2012, p.22).

Deste modo, a partir do episódio ocorrido no Bar Stonewall, no dia 28 de junho de 1969, movimentos (especialmente lésbico e gay) se espalharam pelo mundo, desdobrando-se na luta pelo reconhecimento de pessoas LGBT como sujeitos de igualdade de direitos e assim também aconteceu com o movimento social homossexual no Brasil.

3.3. Sociedade brasileira nos anos 70 e o surgimento do movimento social homossexual no Brasil

No Brasil, as primeiras tentativas de organização de um movimento homossexual contra as discriminações e reivindicações de direitos aconteceram na década de 1970, momento marcado pelo surgimento de uma política baseada no conceito de identidades

---
[42] São abordados de forma específica os novos movimentos sociais no capítulo 3.1.

pessoais, abandonando as tradicionais organizações sociais com problemas específicos que afetavam determinados grupos.

> Dotados de um caráter marcadamente expressivo, esses movimentos desenvolviam formas de convivência e de participação vividas como positivas em si mesmas, calcadas num sentimento de igualdade e identificação entre todos os seus membros. Certas carências ou particularidades de estilo de vida foram eleitas como a base de novas identidades sociais, muitas vezes de caráter totalizante (MACRAE, 1997, p. 237).

A sociedade brasileira, neste período (segunda metade do Século XX), estava sob o regime militar, porém já iniciando uma abertura de discurso, onde os movimentos sociais marcaram a história na busca não somente pela democracia, mas pela cidadania plena e pelos direitos civis. Segundo Molina (2011), essa visibilidade também foi construída pelo movimento homossexual.

Assim como aconteceu na "Revolta de Stonewall", no Brasil, na década de 1970, os homossexuais se utilizaram dos movimentos como forma de "provocar", chamar a atenção para que seus direitos sejam reconhecidos, como descreve Ferreira (2015, p. 59): "os movimentos chamam a atenção não só pelo caráter reflexivo, mas também porque comovem, comunicam não só pelo barulho, mas também por agregar muitas vezes multidões silenciosas, indignadas".

Nesse contexto, o início do movimento homossexual no Brasil, conforme Facchini (2011, s/p.), "é marcado pela afirmação de um projeto de politização da questão da homossexualidade em contraste às alternativas presentes no 'gueto' e em algumas associações existentes no período anterior ao seu surgimento". Ressalta a autora que os militantes não consideravam este movimento como uma atuação politizada, por entenderem que estava exclusivamente voltado para a "sociabilidade".[43]

Assim, as primeiras iniciativas do movimento homossexual no Brasil surgiram com a fundação do "Jornal Lampião da Esquina" no Rio de Janeiro no ano de 1978,[44] e do grupo "SOMOS – Grupo de Afirmação Homossexual", no ano de 1979. O intuito desses grupos

---

[43] O surgimento do movimento homossexual indica a aspiração a reivindicar direitos universais e civis plenos, por meio de ações políticas que não se restringiam ao "gueto", mas que se voltava para a sociedade de modo mais amplo (FACCHINI, 2011, s/p.).

[44] Primeira Edição do Jornal Lampião da Esquina, de abril de 1978. Todas as edições do jornal (que deixou de ser publicado em 1981) foram digitalizadas e podem ser lidas gratuitamente na página do Grupo Dignidade: <https://www.vice.com/pt_br/article/lampiao-da-esquina-estreia-documentario-filme>.

era formar alianças com outras minorias. Neste sentido, a descrição de Fry e MacRae:

> O Jornal Lampião, editado no Rio de Janeiro por jornalistas, intelectuais e artistas homossexuais que pretendiam originalmente lidar com a homossexualidade procurando forjar alianças com as demais "minorias", ou seja, os negros, as feministas, os índios e o movimento ecológico [...]. (FRY; MACRAE, 1985, p. 21).

Em seu primeiro editorial,[45] o Jornal Lampião da Esquina enfatizou a conjuntura política que o Brasil apresentava naquele período:

> Brasil, março de 1978. Ventos favoráveis sopram no rumo de uma certa liberalização do quadro nacional: em ano eleitoral a imprensa noticia promessa de um Executivo menos rígido, fala-se da criação de novos partidos políticos, de anistia, de uma investigação das alternativas propostas faz até com que se fareje uma "abertura" do discurso brasileiro (LAMPIÃO, abril de 1978, p. 02).

Deste modo, o Jornal Lampião da Esquina é considerado uma iniciativa importante para o movimento homossexual no Brasil, pois conforme Green (2014), o título do primeiro editorial, denominado "Saindo do Gueto", representa uma postura de rompimento da "máscara de proteção" que gays e lésbicas utilizavam (até aquele momento) e passam a lutar por suas demandas,[46] neste sentido refere o autor:

> O título do editorial, "Saindo do gueto", é um epítome da importante postura de rompimento da máscara de proteção que os gays e as lésbicas haviam criado para si nos anos 1950 e 1960, sobretudo para garantir um pouco de sociabilidade longe dos estigmas sociais que marginalizavam as pessoas, dos conceitos médicos que tratavam a homoafetividade como doença e da moral católica que considerava a homossexualidade um pecado. Dessa forma, o editorial representou um apelo à interação com a sociedade brasileira cujo objetivo era suscitar outras atitudes a respeito do tópico de amor (e sexo) entre pessoas do mesmo sexo. Contudo, se essa abertura do discurso brasileiro que o editorial festejou, oferecia justamente a possibilidade de se questionar coletiva e publicamente estes velhos preconceitos sobre a homossexualidade, ela também facultava um espaço de divergências sobre as propostas, os rumos e os objetivos do incipiente movimento no Brasil (GREEN, 2014, p. 177-178).

---

[45] O Conselho Editorial era formado por Adão Acosta, Aguinaldo Silva, Antônio Chrysóstomo, Clóvis Marques, Darcy Penteado, Francisco Bittencourt, Gaspirino Damata, Jean-Claude Bernardet, João Antônio Mascarenhas, João Silvério Trevisan e Peter Fry (LAMPIÃO, abril de 1978, p.2).

[46] Green relata que essas demandas "faziam parte das articulações contra a ditadura e continham reivindicações que visavam uma sociedade pluralista, além de proporem novos conceitos sobre a sexualidade, o comportamento e a própria natureza da política" (GREEN, 2014, p. 178).

Figura 3 – Capa edição zero do jornal LAMPIÃO

Figura 4 – Editorial da edição zero do jornal LAMPIÃO

Fonte: Centro de Documentação Grupo Dignidade.

No mês de agosto de 2016 foi lançado o filme "Lampião da Esquina", trata-se de um documentário, sob a direção de Lívia Perez e coprodução de Doctela e Canal Brasil, que conta a história do jornal Lampião da Esquina.

> Com a participação do dramaturgo Aguinaldo Silva, do escritor João Silvério Trevisan, do poeta Glauco Macoso, do produtor cultural Celso Curi, do antropólogo Petr Fry o documentário conta como um grupo de jornalistas, intelectuais e escritores criou o Lampião, um jornal critico, pluralista e partidário, que expôs o descaso e preconceito contra os homossexuais e as minorias sociais, exibindo um ponto de vista homossexual sobre diversas questões inclusive a sexualidade. O filme ainda traz entrevistas com figuras constantes nas páginas do Lampião como o cantor Ney Matogrosso, a cantora Leci Brandão e o cantor Edy Star, além da participação de Winston Leyland, editor do Gay Sunshine, publicação americana gay pioneira no mundo e que influenciou o Lampião. Os entrevistados expõem os fatos, mas também emitem reflexões pertinentes sobre o conservadorismo da época, as brechas na censura e o papel de libertação representado por um veículo dedicado aos gays, lésbicas e transexuais. Os entrevistados partem do Lampião para efetuar um panorama rico dos costumes de um país em transformação (PARISE, 2016, s/p.).

O documentário relembra a sociedade brasileira do final dos anos 70, período em que todos almejavam um pouco de liberdade, inclusive a comunidade homossexual e como, dentro desse contexto de "pré-epidemia da AIDS" e "pré-abertura política", surge o

Lampião da Esquina em 1978, primeiro jornal brasileiro destinado ao público gay[47] (PARISE, 2016).

Conforme Parise (2016, s/p), no filme o escritor e cineasta João Silvério Trevisan, que fazia parte da equipe do jornal, relata:

> "A volta do esquadrão mata-bicha", "Repressão: essa ninguém transa", "Louca e muito da baratinada" e "Fortíssimo babado" eram algumas das manchetes publicadas no Lampião, que desfrutava libertinamente da língua portuguesa. A publicação não só celebrava a cultura homossexual, como também denunciava crimes de ódio contra gays, mulheres, negros e índios. "Há uma linguagem da subcultura gay". E é essa que vamos usar pra falar no jornal (PARISE, 2016, s/p., grifos do autor).

No mesmo período de fundação do Jornal Lampião da Esquina, abril de 1978, um grupo de homossexuais se reuniu e formou o Núcleo de Ação pelos Direitos dos Homossexuais que mais tarde, em dezembro do mesmo ano, passou a se chamar SOMOS – Grupo de Afirmação Homossexual. No início, o grupo era formado apenas por homens, mas logo mulheres passaram a integrá-lo também (FACCHINI, 2005, p. 94-95). O grupo SOMOS é, segundo Facchini (2005, p. 93), o "primeiro grupo reconhecido na bibliográfica como tendo uma proposta de politização da questão da homossexualidade" no Brasil.

Nesse contexto, MacRae (1997) acrescenta que, diante da grande repercussão que o Jornal Lampião de Esquina e o grupo "SOMOS" tiveram em todo o Brasil, logo surgiram outros grupos espalhados pelo país,[48] seguindo mais ou menos a mesma linha. Neste sentido, refere o autor:

> Esses grupos aderiram ao novo esquema político que surgia, em parte importado dos Estados Unidos e da Europa, e procuravam valorizar a identidade homossexual, lutar contra a discriminação ou atentados contra os direitos humanos dos homossexuais. Chegaram até a promover uma grande passeata contra um delegado em São Paulo, o doutor Wilson Richetti, que estava promovendo uma "operação limpeza" no centro da cidade, prendendo e batendo em travestis e prostitutas. Buscavam alianças com o movimento feminista e o movimento negro, que eram identificados como sendo muito similares em sua estrutura e em várias reivindicações (MACRAE, 1997, p. 239).

---

[47] Inspirado por um lado no jornal Gay Sunshine, e por outro nas publicações "nanicas" brasileiras (como Pasquim), o Lampião levantava a bandeira da diversidade, sem ser chato ou acadêmico, mas sendo anárquico e debochado. Bom humor e autocrítica faziam parte da receita editorial, refletindo o jeito de ser da própria comunidade que retratava (PARISE, 2016, s/p).

[48] Entre estes outros grupos que surgiram estão o "Triângulo Rosa" e "Atobá" (Ambos do Rio de Janeiro, 1980), Grupo Gay da Bahia (criado em 1980, ainda existe sendo considerado um dos mais importantes), Grupo Dignidade (criado em 1992, no Paraná), entre vários outros (FACCHINI, 2011, s/p).

No ano de 1981, o jornal Lampião encerra suas atividades, enquanto o Grupo Gay da Bahia[49] inicia uma campanha nacional para a despatologização[50] da homossexualidade. De acordo com Molina (2011, p. 955), é nesse contexto que os "grupos e as associações voltadas à homossexualidade se fortalecem perante a sociedade e ganha visibilidade aproximando o Movimento *Gay* do Estado Nacional, por meio de políticas públicas direcionadas à contenção do vírus HIV" – AIDS, que atinge de forma intensa a comunidade homossexual masculina. A referida autora descreve ainda:

> A epidemia obrigou a sociedade a discutir sexualidade. Independentemente da forma como foi orientada a temática, ela passou a estar presente nas agendas e a ser preocupação para familiares, escolares e estatais. O surgimento da *AIDS* abriu espaço para a visibilidade homossexual, ainda que se tenham inicialmente refreado as tentativas de mobilizar setores do movimento. A doença foi também uma das principais responsáveis pela força com que esse movimento (re)emergiu na década de 90 do séc. passado (MOLINA, 2011, p. 955).

O movimento homossexual no Brasil atinge, portanto, proporções nacionais e novos grupos vão surgindo no decorrer dos anos e, dentre os quais, a primeira e maior rede de organizações LGBT brasileiras, a ABGLT – Associação Brasileira de Gays, Lésbica e Travestis –, criada em 1995 e, conforme Facchini (2011, s/p.), "reúne cerca de 200 organizações espalhadas por todo o Brasil, sendo considerada a maior rede LGBT na América Latina".

Na contemporaneidade dos movimentos sociais homossexuais no Brasil, influenciados ou não pelo mesmo espírito ativista internacional, carregam em si a esperança de atingirem seus anseios e objetivos através da comunicação, pois temas que eram discutidos nas páginas do Jornal Lampião da Esquina continuam ainda em debate.

São nesse sentido que se inserem, no próximo tópico desta obra, aspectos comunicacionais envolvidos nos movimentos sociais (de protesto ou não), importantes no desenvolver de teorias, busca de direitos e fortalecimento frente à ação Estatal, nem sempre voltada ao asseguramento daqueles (direitos).

3.3.1. Parada do Orgulho Gay: lemas e símbolos

Como visto no tópico anterior, os primeiros movimentos sociais de protesto dos homossexuais no Brasil ocorreram na década

---

[49] Sobre o início do Grupo Gay da Bahia, ver nota n° 5.

[50] Despatologização da homossexualidade é a sua exclusão definitiva da classificação internacional de doenças (FACCHINI, 2011, s/p).

de 1970 e foram ganhando proporções nacionais. Nos anos de 1996 e 1997, surge no Rio de Janeiro e São Paulo, respectivamente, uma nova forma de manifestação do novo movimento dos homossexuais, as chamadas "Paradas do Orgulho Gay", no entanto, não tiveram muitos participantes nessas edições. Mas, nos anos seguintes os números foram aumentando consideravelmente (ARAÚJO, 2009).

No dia 28 de junho de 1996 foi realizada a primeira "Parada do Orgulho Gay" em São Paulo. O local marcado para a concentração foi a Praça Roosevelt, entretanto, poucas pessoas compareceram.[51]

> Embora o movimento tenha contado com o incentivo de várias pessoas, entre elas o jornalista Paulo Giacomini que, através de matérias no jornal Folha de São Paulo, divulgou e conclamava os homossexuais, principalmente os paulistanos, a prestigiarem o evento, para tanto ele se reportava às revoltas de *Stonewall*, a gênese de uma história que, segundo ele, todos os gays compartilhavam e, deste modo, serviria de força motora para a mobilização dos leitores, bem como, ao mencionar este acontecimento se buscava, de certo modo, dar uma forma de globalização da política gay, agregando ao movimento um campo simbólico, em termos visuais, o arco-íris; em termos políticos, a inclusão cidadã via uma subjetividade política (TRINDADE, 2011, p. 77).

A fraca participação popular fez com que nova iniciativa fosse provocada. Então no ano seguinte, em 1997, o evento efetivamente aconteceu e, devido à grande adesão de participantes, passou a acontecer anualmente, tornando-se parte integrante do calendário oficial da cidade e se tornou uma das principais formas de manifestação do movimento homossexual no Brasil:[52]

> Em 1997, o IX Encontro Brasileiro de Gays, Lésbicas e Travestis e o II Encontro Brasileiro de Gays, Lésbicas e Travestis que Trabalham com Aids (EBGLT-Aids) ocorreram mais uma vez em São Paulo, com a participação de 52 grupos tanto da militância GLT (Gays, Lésbicas e Travestis) como de ONG-Aids e simpatizantes. Havia muito conflito entre seus organizadores, sendo que vários grupos foram excluídos da comissão de organização. Apesar disso, foi neste ano que os grupos de São Paulo organizaram a Parada do Orgulho GLT, que se tornou símbolo do mo-

---

[51] Para Trindade (2011, p. 77), apenas alguns atuantes militantes, algumas drags, conhecidas por suas *performances* nas boates gays da cidade e outras personalidades da cena gay, além, vale dizer, dos punks que se solidarizavam com as reivindicações dos gays e lésbicas, se fizeram presentes na Praça Roosevelt no dia marcado para a primeira "parada gay" em São Paulo. O autor relata, ainda, que sobre a (pequena) quantidade de pessoas que compareceram ao evento, um jornalista de São Paulo sugeria que o homossexual brasileiro preferia o anonimato de "seus armários" à exposição pública de sua orientação sexual.

[52] Diante das proporções que alcançou a Parada do Orgulho GLBT em São Paulo, outras cidades brasileiras passaram a realizar eventos semelhantes com o objetivo de chamar a atenção para as reivindicações dos grupos GLBT, dentre elas: Belo Horizonte (Parada do Orgulho LGBT de Belo Horizonte), Curitiba (Parada da Diversidade LGBT), Salvador (Parda Gay da Bahia), Florianópolis (Parada da Diversidade), Fortaleza (Parada Gay de Fortaleza), Campo Grande (Parada da Diversidade de Campo Grande), Brasília (Marcha Nacional contra a Homofobia), Porto Alegre (Parada Gay) etc. (MASSINI, 2012, s/p.).

vimento homossexual no Brasil. Mesmo depois de uma primeira tentativa frustrada em 1996, em 28 de junho de 1997, aproximadamente duas mil pessoas seguiram pela Avenida Paulista com o intuito de atrair a atenção da sociedade e dar visibilidade pública às reivindicações dos homossexuais (SANTOS, 2007, p. 127).

O enfoque das Paradas do Orgulho Gay se pauta, por assim dizer, na busca por reconhecimento, direitos de inclusão, na liberdade de expressão e os temas (ou lemas) escolhidos, anualmente, têm sempre um objetivo de chamar a atenção para suas demandas, de um novo direito a ser conquistado ou reconhecido. Sua simbologia é característica do movimento homossexual no Brasil e no mundo: a bandeira com as cores do arco-íris.

A bandeira LGBT é o símbolo do orgulho, do reconhecimento e da cultura LGBT, como referido em nível mundial. Desenhada pelo artista plástico Gilbert Baker, em 1977, a bandeira LGBT é composta por listas horizontais de seis cores diferentes (roxo, azul, verde, amarelo, laranja e vermelho), semelhantes às do arco-íris. Estas cores representam a diversidade humana.[53]

A cada cor – da bandeira símbolo do movimento – é atribuído um significado específico e com o objetivo de definir aspectos como: a cultura, os interesses e todo o movimento LGBT. Assim, a cor vermelha é o fogo e a vivacidade; laranja representa a cura e o poder; amarelo, o sol, a luz e a claridade da vida; verde é a natureza e o amor pela mesma; azul são as artes e o amor pelo artístico, e a cor roxa representa o desejo de vontade e a força (LGBT, 2010):

Figura 5 – Bandeira arco-íris do movimento LGBT

Fonte: http://www.lgbt.pt/cores-bandeira-lgbt/.

---

[53] Inicialmente, a bandeira LGBT tinha oito cores: as seis que atualmente formam a bandeira e mais duas, o rosa (simboliza o sexo e o prazer carnal) e o turquesa (simboliza a harmonia e a pacificação) (LGBT, 2010).

Como referido, a bandeira é "o" ícone de toda a cultura LGBT e está presente nos mais variados eventos, festas e organizações de temática lésbica, gay, bissexual e transgênera. Para além da representação da cultura LGBT e dos seus direitos, a bandeira representa também a paz, tendo sido usada na Segunda Guerra Mundial como símbolo da esperança numa nova era (LGBT, 2010).

Já foram temas das Paradas do Orgulho Gay de São Paulo:[54] 1997 – "Somos muitos, estamos em todas as profissões"; 1998 – "Os direitos de gays, lésbicas e travestis são direitos humanos"; 1999 – "Orgulho gay no Brasil, rumo ao ano 2000"; 2000 – "Celebrando o Orgulho de Viver a Diversidade"; 2001 – "Abraçando a Diversidade"; 2002 – "Educando para a Diversidade"; 2003 – "Construindo Políticas Homossexuais"; 2004 – "Temos Família e Orgulho"; 2005 – "Parceria civil, já. Direitos iguais! Nem mais nem menos"; 2006 – "Homofobia é Crime! Direitos Sexuais são Direitos Humanos"; 2007 – "Por um mundo sem Racismo, Machismo e Homofobia"; 2008 – "Homofobia Mata! Por um Estado Laico de Fato"; 2009 – "Sem Homofobia, Mais Cidadania – Pela Isonomia dos Direitos!"; 2010 – "Vote Contra a Homofobia: Defenda a Cidadania!"; 2011 – "Amai-vos uns aos outros: basta de homofobia!"; 2012 – "Homofobia tem cura: educação e criminalização"; 2013 – "Para o armário nunca mais: União e conscientização na luta contra a homofobia"; 2014 – "País vencedor é país sem homolesbotransfobia: chega de mortes! criminalização já!"; 2015 – "Eu nasci assim, Eu cresci assim, Vou ser sempre assim: Respeitem-me", e; 2016 – "Lei da identidade de gênero, já! – Todas as pessoas juntas contra a Transfobia!".

Embora todos os temas usados nos movimentos sociais de protesto de homossexuais tenham relevância e poderiam sofrer análise individual, em razão do recorte metodológico desse estudo, analisaram-se aspectos relacionados às Paradas do Orgulho Gay a partir do ano de 2013,[55] com destaque para algumas questões que repercutiram nos meios de comunicação, especialmente na Internet, nas últimas quatro edições do movimento.

Em reportagem sobre a Parada do Orgulho LGBT de 2013 para o *site* de notícias Brasil de Fato, a jornalista Patrícia Benvenuti (2013, s/p) descreveu que o que mais chamou a atenção naquele evento "foi o fato que diferente de outros anos, nos quais se apontava para uma 'despolitização' do evento, esse foi marcado por um 'tom político'

---

[54] A única fonte de compilação dos temas de todas as Paradas Gays de São Paulo encontrada foi a do Wikipédia (2016).

[55] A partir de 2013, por ser o marco temporal da pesquisa realizada para elaboração desta obra.

mais forte". Ressaltando, ainda, que o tema "Para o armário, nunca mais! União e Conscientização na luta contra homofobia representou um protesto contra a ofensiva promovida por setores conservadores contra direitos já conquistados pela comunidade LGBT".

> "Não queremos voltar a viver em guetos ou ter nossas relações não reconhecidas", afirma o presidente da Associação da Parada do Orgulho GLBT de São Paulo (APOGLBT), Fernando Quaresma, que garante: "Para o armário a gente não volta mais. Para a clandestinidade e a marginalidade não voltamos mais", completa. [...] em vez de retrocessos, o movimento reivindica avanços. "Queremos melhorias e a igualdade de direitos prevista em Constituição", afirma. Uma das conquistas mais recentes da população LGBT foi a decisão do Conselho Nacional de Justiça (CNJ), em maio, que proíbe cartórios de todo o país de recusar a celebração de casamento civil de pessoas do mesmo sexo ou de negar a conversão de união estável de homossexuais em casamento[56] (BENVENUTI, 2013, s/p., grifos do autor).

Já o tema de 2015 – "Eu nasci assim, Eu cresci assim, Vou ser sempre assim: Respeitem-me" – teve como destaque os aspectos atinentes à liberdade de expressão e uso de símbolos. O que mais repercutiu (especialmente nas redes sociais) foi a "imagem" do protesto feito pela modelo transexual Viviany Beleboni, que participou vestida como Jesus Cristo e encenando a sua própria crucificação, com a frase "Basta de homofobia com LGBT" escrita em uma placa acima de sua cabeça (HOJE EM DIA, 2015). Este ato dividiu opiniões: de um lado estão os que criticam a manifestação, sob a alegação de violação e desrespeito a um símbolo religioso, e, do outro, os defensores do ato como uma forma de protesto.[57]

Figura 6 – Foto da modelo transexual Viviany Beleboni em protesto na Parada do Orgulho Gay de São Paulo no ano de 2015

Fonte: <http://exame.abril.com.br/brasil/30-fotos-incriveis-da-parada-gay-de-sao-paulo/>.

---

[56] Resolução do Conselho Nacional de Justiça nº 175, de 14 de maio de 2013.

[57] Dentre as notícias, destacam-se algumas sobre o protesto de 2015: "Imagem de transexual "crucificada" na Parada Gay de SP gera polêmica nas redes sociais" (HOJE EM DIA, 2015); "Transexual "crucificada" na Parada Gay de SP diz ter sido ameaçada de morte" (UOL RIO, 2015); "Crucificação na Parada Gay é alvo de polêmica com religiosos" (CRAVEIRO, 2015, s/p).

A modelo transexual Viviany Beleboni afirmou que a sua intenção era apenas de protestar contra todas as mortes e agressões que acontecem contra a classe LGBT (BELEBONI, 2015, s/p.):

> Antigamente, no século IV, a crucificação era uma forma de humilhar, envergonhar, torturar e até causar a morte de pessoas que iam contra alguma ideologia. Baseada neste conceito, depois de estudar muito e ter certeza do que queria, resolvi fazer a minha manifestação durante a 19ª Parada LGBT de São Paulo.

Pode-se, assim, questionar por que algumas imagens, alguns "personagens" da Parada do Orgulho Gay de São Paulo chamam mais a atenção para os meios de comunicação de massa que outros?

A resposta pode ser encontrada em Luhmann (2005, p. 66/67), para quem os meios de comunicação escolhem seus conteúdos, ou seja, "os meios de comunicação dão uma coloração especial àquilo que noticiam e à forma como noticiam; assim, decidem sobre o que deve ser esquecido, o que pode ser significativo apenas no momento e o que deve permanecer na lembrança".

Também, afirma o autor (LUHMANN, 2005, p. 60, grifo do autor) que "*transgressões à norma* justificam uma atenção especial. Isso vale tanto para transgressões do direito, mas acima de tudo para transgressões morais e, ultimamente, transgressões contra o 'politicamente correto'".[58]

Nos dois contextos, de 2013 – movimentos com enfrentamento ao retrocesso de direitos conquistados – e de 2015 – liberdades de expressão ao extremo e simbologias religiosas, buscou-se uma transgressão ao sistema moralmente "imposto" do que seria o "politicamente correto" no Brasil.

Nota-se que os movimentos sociais têm lutado tanto para transformar comportamentos sociais como para influenciar políticas públicas e, embora tenha ocorrido uma expansão desses movimentos sociais em busca do reconhecimento das demandas da população LGBT, questões relacionadas à identidade de gênero e orientação sexual ainda são tratadas com resistência.[59] Desse modo, como parte desses esforços, muitas vezes se mobilizam em prol de mudanças

---

[58] Ver nota nº 16.

[59] Questões como a política conservadora resguardada pela bancada evangélica no Congresso que impedem que projetos com questões relacionadas à identidade de gênero e orientação sexual sejam votados, ou sendo votados não são aprovados, são apontados pelos militantes como ameaças políticas que a população LGBT (lésbicas, gays, bissexuais, travestis e transexuais) precisa enfrentar no Brasil. Constantemente invisibilizadas, as pessoas que assim se identificam têm pouca representatividade política no âmbito legislativo e também no executivo (FOGLIATTO, 2016, s/p.).

nos processos de tomada de decisão estatal e demandam pela inclusão da sociedade civil em novos espaços participativos.

Esse pleito provoca não somente na criação de espaços de diálogo entre atores da sociedade civil e do governo, mas da maior presença de ativistas de movimentos sociais dentro do próprio Estado. Dentro desse contexto, a partir da militância em movimentos sociais e procurando alcançar resultados efetivos para suas demandas, a cada novo período eleitoral aumenta o número de pessoas lésbicas, gays, travestis e transexuais candidatando-se a cargos políticos no âmbito legislativo e no executivo.[60]

A Associação Brasileira de Lésbicas, Gays, Bissexuais, Travestis e Transexuais – ABGLT –, que desde o ano de 1996 vem fazendo levantamento das candidaturas LGBT, divulgou que nas últimas eleições municipais, em 02 de outubro 2016, houve 390 candidaturas de LGBT e aliados (as)[61] e, desse total, 36 se elegeram (ABGLT, 2016, s/p).

> Dois candidatos LGBT se elegeram prefeito (PHS, Itapecerica-MG e PSOL, Jaçanã-RN) e um total de 17 candidatos/as LGBT se elegeram nas cidades de Andradina-SP, Caldas-MG, Campo Grande-MS, Cruz Alta-RS (2), Florianópolis-SC, Guarauá-SP, Palmares-PE, Paranaíba-MS, Patos de Minas-MG, Pimenta Bueno-RO, Rio de Janeiro-RJ, São Joaquim da Barra-SP, São Paulo-SP (2), Uberlândia-MG e Viçosa-MG.
>
> As eleições municipais de 2016 deram grande visibilidade para questões LGBT não só nos grandes centros urbanos, como também nas cidades de médio e pequeno porte Brasil afora. Além das capitais, outras 153 cidades tiveram candidatos/as LGBT, espalhadas pela maioria dos estados.
> [...]
> A maioria que se elegeu é de partidos de esquerda, embora tenha se seguido também a tendência nacional de um movimento para o centro e com alguns/algumas candidatos/as de partidos de direita.

No Rio Grande do Sul, a ABGLT (2016) identificou 25 candidatos/as com orientação sexual ou identidade de gênero LGBT, destes uma travesti e um homossexual[62] se elegeram ao cargo de vereador

---

[60] Conforme informações da Associação Brasileira de Lésbicas, Gays, Bissexuais, Travestis e Transexuais – ABGLT, que realiza levantamento das candidaturas LGBT desde 1996. Naquele ano o número de candidatos/as assumidos/as LGBT não passava de 10 em todo o país. Em 2016, 20 anos mais tarde, houve pelo menos 290 candidaturas LGBT, representando um aumento de 2900% (ABGLT, 2016, s/p).

[61] Como são classificados aqueles que não se identificam como pessoas com orientação sexual ou identidade de gênero LGBT, mas defendem a bandeira dos direitos dessa comunidade como plataforma de campanha.

[62] Este candidato é Everlei Rangel Martins, pedagogo e fundador do Grupo Diversidade Cruz Alta e foi reeleito vereador no município de Cruz Alta. No ano de 2013, foi eleito vereador com 778 votos, como o primeiro vereador gay, assumido, militante dessa pauta no Estado (CÂMARA DE VEREADORES DE CRUZ ALTA, 2013).

no município de Cruz Alta. Na capital dos gaúchos, uma lésbica assumida e militante da Liga Brasileira de Lésbicas (LBL) concorreu ao cargo de Vice-Prefeita. Para o cargo de vereador (a), Porto Alegre contou com três mulheres trans, cinco homens gays e um homem bissexual (FOGLIATTO, 2016).

No entanto, mesmo verificado, pelo levantamento realizado pela ABGLT, um aumento de candidaturas de pessoas LGBT nas disputas políticas por espaços em âmbito legislativo e executivo e, que "na maioria dos casos, as questões LGBT foram tratadas com respeito e não foram utilizadas para prejudicar outros/as concorrentes nas eleições" (ABGLT, 2016, s/p), ainda são apontadas dificuldades para esses militantes participarem desse processo, especialmente para as pessoas transexuais.

> "Para que serve o nome social se não é para nos proteger?"
>
> Militante dos direitos LGBTs e de profissionais do sexo, a doutoranda em teoria literária pela Unicamp, Amara Moira aprofunda a crítica sobre as dificuldades que as pessoas trans enfrentam no cotidiano, destacando o momento de entrar na disputa eleitoral. Ela cita como uma das marcas do preconceito a permanência do nome de registro nos dados do TSE. "Pensar, por exemplo, que nossos nomes de registro estão expostos para quem quiser ver em todos os sites que divulgam informações sobre as eleições de 2016. E aí fica a pergunta: para que serve o nome social, se não é para nos proteger da exposição desnecessária desse dado? Esses sites, inclusive, usam o masculino pra se referir a nós. Pensar também que não nos aceitaram na cota de mulheres, e que aquelas que tentaram peitar o TRE e se inscrever como sexo feminino teve sua candidatura bloqueada até retificarem esse registro", explica a candidata à vereadora pelo PSOL em Campinas (COSTA, 2016, s/p).

Entraves em relação à utilização do nome social foram apontados por diversas candidatas trans, entre elas a candidata ao cargo de vereadora no Rio de Janeiro, Indaiara Siqueira, que só teve a confirmação do registro de sua candidatura trinta dias antes das eleições,[63]

> [...] Indianara também destaca as dificuldades enfrentadas pelas candidaturas trans. "O embarreiramento do TRE no momento da inscrição de nossas candidaturas em não aceitar o nome social, e com isso veio a demora da confirmação do registro e da liberação do CNPJ, fez com que eu tivesse pouco mais de 30 dias para fazer campanha", critica (COSTA, 2016, s/p.).

Portanto, apesar dos avanços obtidos nos últimos anos no que diz respeito à promoção da cidadania da população LGBT, permanece sendo um segmento da sociedade que ainda enfrenta problemas

---

[63] Embora as dificuldades enfrentadas, Indianara Siqueira, que é travesti e uma ativista em defesa da visibilidade e cidadania trans, de todas as mulheres e pessoas LGBT, recebeu 6.166 votos, ficando como suplente pelo Partido PSOL para a Câmara Municipal do Rio de Janeiro.

e desigualdades provocados pela desinformação, pelo preconceito, pela discriminação e pela intolerância, pois são consideradas pessoas sexualmente "anormais" para os padrões heteronormativos.

3.4. O que é ser sexualmente normal e anormal?

Autores (BENTO, 2008, WELZER-LANG, 2001, WEEKS, 2000) que trabalham o tema sexualidade discorrem que uma sociedade que considera como sexualidade "normal" a heterossexual, acaba constituindo-se num padrão heteronormativo de mundo, onde há uma cultura que busca condicionar determinados comportamentos que visam à heterossexualidade e, deste modo, todas as outras orientações sexuais são vistas como anormais, desviantes, problemáticas ou até mesmo colossais, sendo, na melhor das hipóteses, entendidas como "diferentes" (WELZER-LANG, 2001).

Sobre o termo *heteronormatividade* pode-se compreender como "aquilo que é tomado como parâmetro de normalidade em relação à sexualidade, para designar como norma e como normal a atração e/ou o comportamento sexual entre indivíduos de sexos diferentes" (PETRY; MEYER, 2011, p.196). Nesse sentido, também é o posicionamento de Bento (2008):

> Por heteronormatividade entende-se a capacidade da heterossexualidade apresentar-se como norma, a lei que regula e determina a impossibilidade de vida fora dos seus marcos. É um lugar que designa a base de inteligibilidade cultural através da qual se naturaliza corpos/gêneros/desejos e definirá o modelo hegemônico de inteligibilidade de gênero, no qual supõe que para o corpo ter coerência e sentido deve haver um sexo estável expresso mediante o gênero estável (masculino expressa homem, feminino expressa mulher) (BENTO, 2008, p. 51).

Butler (2010) analisou a heteronormatividade a partir das relações de poder entre homens e mulheres e entre homossexualidade e heterossexualidade, demonstrando, assim, como a construção do dispositivo da sexualidade é marcado pela norma heterossexual. A autora (BUTLER, 2003) entende, ainda, que a heteronormatividade excluiu dos padrões socialmente aceitáveis tudo o que é relacionado à sexualidade não heterossexual e às experiências de gênero não binárias, varrendo-as para um campo de pessoas perigosas e aquém daquelas que seguem os padrões da heteronormatividade compulsória.

Portanto, ao mesmo tempo em que essas normas reiterem sempre, de forma compulsória, a heterossexualidade paradoxalmente, elas também dão espaço para a produção dos corpos que a elas não se ajustam e, assim, esses serão constituídos como sujeitos "abjetos"[64] – aqueles que escapam da norma. Portanto, em razão disso, esses sujeitos são socialmente indispensáveis, já que fornecem o limite e a fronteira, isto é, fornecem "o exterior" para os corpos que "materializam a norma", os corpos que efetivamente "importam" (BUTLER, 2010, p. 165).

Ainda em relação ao que se entende pelo termo "normal", Bento (2008, p. 178-179) refere que, segundo o discurso heteronormativo, desde o nascimento, as pessoas possuem uma única possibilidade para construir sua sexualidade e gênero, ou seja, na "perspectiva binária, o masculino e feminino seriam a expressão ou a formulação cultural da diferença natural dos sexos". Ainda, neste sentido, descreve a autora:

> Nascemos e somos apresentados a uma possibilidade de construirmos sentidos identitários para nossas sexualidades e gêneros. Há um controle minucioso na produção da heterossexualidade. E como as práticas sexuais se dão na esfera do privado, será através do gênero que se tentará controlar e produzir a heterossexualidade. Se meninos gostam de brincar de casinha, logo surgirá um olhar atento para alertar os pais que seu/sua filho/a tem comportamentos "estranhos". Daí o perigo que a transexualidade representa para as normas de gênero, à medida que reivindica o gênero em discordância com o corpo-sexuado (BENTO, 2008, p. 41).

Para Weeks (2000), a "institucionalização da heterossexualidade" se deu nos séculos XIX e XX, momento em que se estabeleceu o que eram "masculinidade" e "feminilidade" normais, bem como se catalogou uma infinita variedade de práticas sexuais.

> A tentativa de definir mais rigorosamente as características do "pervertido" (termos descritivos tais como "sado-masoquismo" e "travestismo" para as atividades relacionadas com sexo que emergiram no fim do século XIX, ao lado de termos como "homossexualidade" e "heterossexualidade") foi um elemento importante naquilo que estou chamando de institucionalização de heterossexualidade nos séculos XIX e XX. Essa definição era, em parte, um empreendimento sexológico. A sexologia tomou a si duas tarefas distintas ao final do século XIX. Em primeiro lugar, tentou definir as características básicas do que constitui a masculinidade e a feminilidade normais, vistas como características distintas dos homens e das mulheres biológicos. Em segundo lugar, ao catalogar a infinita variedade de práticas sexuais, ela produziu uma hierarquia na qual o anormal e o normal poderiam ser distinguidos. Para a maioria dos pioneiros, os dois empreendimentos estavam intimamente ligados: a escolha do objeto heterossexual estava intimamente ligada ao intercurso

---

[64] O que Judith Butler entende por abjeto: "[...] o abjeto para mim não se restringe de modo algum a sexo e heteronormatividade. Relaciona-se a todo tipo de corpos cujas vidas não são consideradas 'vidas' e cuja materialidade é entendida como 'não importante'" (BUTLER, 2002, p. 161).

genital. Outras atividades sexuais ou eram aceitas com prazeres preliminares ou eram condenadas como aberrações (WEEKS, 2000, p. 63).

Portanto, a partir dessa concepção, procura-se descrever como surgiram as discussões a respeito da homossexualidade e porque alguns autores a consideram como o terceiro gênero.

3.4.1. Homossexualidade como "terceiro gênero"

A divisão das pessoas em homens e mulheres, homossexuais e heterossexuais, era algo teoricamente impossível e, em termos sociais, algo impraticável anteriormente à diferenciação dos sexos. Assim, surge a concepção dos homossexuais e heterossexuais como uma consequência político-teórica das normas feitas à mulher e ao homem *no two-sex model*. Enquanto no *one-sex-model* a mulher era um homem invertido e inferior, no *two-sex-model* ela passa a ser considerada o inverso complementar do homem. Em contrapartida a essa mudança, o homossexual passou a ser o invertido e "sua inversão será vista como perversão, porquanto antinatural" (COSTA, 1995, p. 128) e até mesmo considerada como uma doença.

Quanto à historicidade da homossexualidade, Weeks (2000, p. 66) descreve que "antes do século XIX a 'homossexualidade' existia, mas o/a 'homossexual' não". O autor ainda refere que:

> [...] embora a homossexualidade tenha existido em todos os tipos de sociedade, em todos os tempos, e tenha sido, sob diversas formas, aceita ou rejeitada, como parte dos costumes e dos hábitos sociais dessas sociedades, somente a partir do século XIX e nas sociedades industrializadas ocidentais, é que se desenvolveu uma categoria homossexual distintiva e uma identidade a ela associada. A emergência, na Alemanha e em outros países da Europa Central e Ocidental, tal como a Grã-Bretanha, nos anos de 1870 e 1880, de descritos sobre homossexuais – e, mais crucialmente, por homossexuais foi um estágio importante nessa mudança [...] (WEEKS, 2000, p. 66).

Segundo Fry e MacRae (1985), os primeiros textos escritos por médicos sobre relações sexuais entre pessoas do mesmo sexo vieram a público entre 1860 e 1869, quando as palavras: "homossexual" e "uranista"[65] foram concebidas como sendo sinônimas. Conforme os autores, em 1869, o médico húngaro Karoly Maria Benkert usou, pela primeira vez, o termo "homossexual", mas antes disso, ainda no ano de 1860, o médico alemão Karl Heinrich Ulrichs passou a

---

[65] Pessoa que sente atração física ou amorosa por outras pessoas do mesmo sexo. Disponível em: <http://www.dicio.com.br/uranista/>. Acesso em: 12 ago. 2015.

utilizar a palavra "uranista".⁶⁶ Os autores descrevem, ainda, a explicação de Ulrichs sobre a formação da homossexualidade:

> O embrião humano, acreditava Ulrichs, no início não é nem masculino nem feminino, mas depois de alguns meses a diferenciação ocorre. No caso dos uranistas, os órgãos genitais vão numa direção e o cérebro noutra. Assim se produz "uma alma feminina encapsulada num corpo masculino" e vice-versa. Ulrichs depois desenvolveu uma classificação complexa de "tipos homossexuais" entre os quais o *Mannling*, que é totalmente masculino em aparência e personalidade, o *Weibling*, que é efeminado, o *Zwischen-urning*, que é um tipo intermediário. Os primeiros dois termos equivalem aos termos "homossexual ativo" e "homossexual passivo" que a medicina vai desenvolver mais tarde e que são usados correntemente até hoje (FRY; MACRAE, 1985, p. 62-63).

Para Weeks (2000), a afirmação do termo *heterossexualidade* apenas foi possível devido à necessidade de definição da homossexualidade, dessa forma, passando a assumir uma descrição médico-moral no século XIX, empreendida pelo alemão Kraft-Ebing como forma de especificar as identidades sexuais justamente no que se referia a seus tipos e formas.

Da mesma forma, é o que refere Louro (2009) sobre o surgimento dos termos *heterossexualidade* e *homossexualidade*:

> Ao final do século XIX, serão homens, médicos e também filósofos, moralistas e pensadores (das grandes nações da Europa) que vão fazer as mais importantes "descobertas" e definições sobre os corpos de homens e mulheres. Será o seu olhar "autorizado" que irá estabelecer as diferenças relevantes entre sujeitos e práticas sexuais, classificando uns e outros a partir do ponto de vista da saúde, da moral e da higiene. [...]. Nascia a sexologia. Inventavam-se tipos sexuais, decidia-se o que era normal ou patológico e esses tipos passavam a ser hierarquizados. Buscava-se tenazmente conhecer, explicar, identificar e também classificar, dividir, regrar e disciplinar a sexualidade. Tais discursos, carregados da autoridade da ciência, gozavam do estatuto de verdade e se confrontavam ou se combinavam com os discursos da igreja, da moral e da lei (LOURO, 2009, p. 88).

Assim, surgem os termos *homossexual*⁶⁷ e a *homossexualidade*⁶⁸ e a partir dessa denominação compreendidas como o sujeito e a prática desviantes era preciso também nomear o sujeito e a prática que haviam utilizado como parâmetro. E, deste modo, aquilo que até

---

⁶⁶ Complementando a nota anterior, o neologismo "uranista" foi inventado em homenagem à musa Urânia que, no mito contado por Platão, seria a inspiradora do amor entre pessoas do mesmo sexo (FRY; MACRAE, 1985).

⁶⁷ "O homossexual não era simplesmente um sujeito qualquer que caiu em pecado, ele se constituía num sujeito de outra espécie. Para este tipo de sujeito, haveria que inventar e pôr em execução toda uma sequência de ações: punitivas ou recuperadoras, de reclusão ou de regeneração, de ordem jurídica, religiosa ou educativa" (LOURO, 2009, p. 89).

⁶⁸ "Práticas afetivas e sexuais exercidas entre pessoas de mesmo sexo (que sempre existiram em todas as sociedades) ganham agora uma nova conotação" (LOURO, 2009, p. 88).

então era considerado "normal" e não tinha um nome passou a se chamar heterossexualidade.

Para Louro (2009, p, 89), "estabelecia-se, a partir daí, o par heterossexualidade/homossexualidade (e heterossexual/homossexual), como oposição fundamental, decisiva e definidora de práticas e sujeitos". Para a autora, já neste período, se apresentava a superioridade da heterossexualidade sobre a homossexualidade.

> Entendia-se o primeiro elemento como primordial e o segundo como subordinado, numa oposição que, segundo teóricos contemporâneos, encontra-se onipresente na sociedade, marcando saberes, instituições, práticas, valores. Consolidava-se um marco, uma referência-mestra para a construção dos sujeitos [...] Mas a manutenção dessas posições hierarquizadas não acontece sem um investimento continuado e repetitivo. Para garantir o privilégio da heterossexualidade – seu status de normalidade e, o que ainda é mais forte, seu caráter de naturalidade – são engendradas múltiplas estratégias nas mais distintas instâncias (na família, na escola, na igreja, na medicina, na mídia, na lei). Através de estratégias e táticas aparentes ou sutis reafirma-se o princípio de que os seres humanos nascem como macho ou fêmea e que seu sexo – definido sem hesitação em uma destas duas categorias – vai indicar um de dois gêneros possíveis – masculino ou feminino – e conduzirá a uma única forma normal de desejo, que é o desejo pelo sujeito de sexo/ gênero oposto ao seu (LOURO, 2009, p. 89).

Neste sentido, Weeks (2000) refere-se à importância das comunidades lésbicas e gays na sociedade civil de países ocidentais:

> Na medida em que a sociedade civil nos países ocidentais se torna mais complexa, mais diferenciada, mais auto-confiante [sic], as comunidades lésbica e gay têm se tornado uma parte importante desta sociedade [...]. A existência de um modo de vida gay dá oportunidade para as pessoas explorarem suas necessidades e desejos, sob formas que eram algumas vezes literalmente inimagináveis até bem pouco tempo. É por isso, obviamente, que a homossexualidade é vista, frequentemente, como uma ameaça para aqueles ligados ao *status quo* moral, estejam eles situados à esquerda ou à direita do espectro político. A existência de identidades lésbica e gays positivas simboliza a pluralização cada vez mais crescente da vida social e a expansão da escolha individual que essa oferece (WEEKS, 2000, p. 69-70).

Por fim, importa mencionar que os homossexuais já tiveram êxito na busca pelo reconhecimento e conquista de direitos. Uma das primeiras conquistas foi a exclusão definitiva da homossexualidade da classificação internacional de doenças, fato que aconteceu nos anos de 1985 e 1994 quando, respectivamente, o Conselho Federal de Medicina e a Organização Mundial de Saúde excluíram definitivamente da classificação internacional de doenças (CID) a homossexualidade[69] (MARCELINO, 2010, p. 01).

No Brasil também há direitos reconhecidos, e não apenas para homossexuais, mas para toda a comunidade LGBT. Atualmente, encontram-se regularizados diversos direitos tidos como essenciais para a garantia de uma vida digna aos cidadãos com orientação sexual ou identidade de gênero diversa da heterossexual, quais sejam: (a) a possibilidade de realização da cirurgia de mudança de sexo através do Sistema Único de Saúde – SUS;[70] (b) a adoção por casais homossexuais;[71] (c) direito ao uso do nome social;[72] (d) inclusão do(a) companheiro(a) na declaração do IR;[73] (e) reconhecimento da União Estável de casais homossexuais;[74] (f) licença-maternidade a pai adotivo gay;[75] (g) o casamento civil gay.[76] entre outros.

Entretanto, mesmo já existindo reconhecimento de alguns direitos para a comunidade LGBT, ainda são tidos como "anormais", os "outsiders"[77] perante aqueles que defendem o padrão heteronormativo e, consequentemente, são submetidos a ações preconceituosas e discriminatórias, especialmente através da violência (psicológica e física).

Deste modo, uma das demandas que tem sido defendida intensamente pelos movimentos sociais LGBTS nos últimos anos é a

---

[69] O código 302, que até aquele momento a tratava como um transtorno sexual deixou de existir. No ano de 1999, o Conselho Federal de Psicologia aprovou a Resolução n° 0001/99 prevendo punição para qualquer profissional que trabalhasse com a "ideia de cura da homossexualidade e tendências coercitivas para orientar homossexuais a tratamentos" (MARCELINO, 2010, p. 01).

[70] Portaria n° 457, de 19 de agosto de 2008, e Portaria n° 2.803, de 19 de novembro de 2013, ambas do Ministério da Saúde.

[71] Supremo Tribunal Federal reconheceu a adoção de criança por casal homoafetivo com base na decisão do plenário do Supremo, que reconheceu, em 2011, por unanimidade, a união estável de parceiros do mesmo sexo (PORTALBRASIL, 2015).

[72] O Decreto n° 49.122, de 17 de maio de 2012, instituiu a Carteira de Nome Social para Travestis e Transexuais no Estado do Rio Grande do Sul.

[73] Conforme Parecer n° 1503/2010, da Procuradoria-Geral da Fazenda Nacional (PGFN)

[74] No julgamento da Ação Direta de Inconstitucionalidade (ADIN) 4.277 e a Arguição de Descumprimento de Preceito Fundamental (ADPF) 132, no ano de 2011, os ministros do Supremo Tribunal Federal (STF) reconheceram a união estável para casais do mesmo sexo.

[75] Previsão no art. 71-A da Lei n°. 12.783 de 24 de outubro de 2013.

[76] Resolução n. 175, de 14 de maio de 2013, do Conselho Nacional de Justiça.

[77] Conforme Becker (2008, p.15) *outsider* é "aquele que está do lado de fora, para além das margens determinada pela fronteira ou limite social". O autor refere que o homossexual, dentro da conceituação de *outsider*, é considerado um desviante, pois infringiria as regras aceitas pela sociedade e, neste caso, se referindo à sociedade da heteronormatividade.

criminalização da homofobia ou da LGBTfobia,[78] ou seja, a tipificação penal de atos de discriminação por orientação sexual e identidade de gênero.

---

[78] A terminologia "LGBTfobia" inclui também o combate à transfobia que, embora distinta da homofobia por dizer respeito à identidade de gênero e não à orientação sexual, reflete mecanismos sociais próximos da lógica homofóbica.

4. A criminalização da homofobia

A criminalização da homofobia[79] está na relação de reivindicações dos movimentos sociais LGBTs há vários anos. Há uma pauta de avanço nesse sentido e demonstrou-se, no item 3.3.1, abordando sobre a Parada do Orgulho Gay, que a homofobia faz parte do lema desse movimento desde o ano de 2006, permanecendo, ainda, na atualidade, pois que no ano de 2016 a temática ressaltou a questão da identidade de gênero e a luta contra a transfobia sob o lema: "Lei da identidade de gênero, já! – Todas as pessoas juntas contra a Transfobia!".

Reclames sociais como estes são, invariavelmente, recepcionados pelo Estado que, a despeito de promoção de políticas públicas, declina ao Direito Penal a tarefa de satisfação dos valores coletivos. E, dessa forma, operam-se crimes e penas.

Sabe-se que o surgimento do crime como categoria jurídico-penal demanda à tipificação de uma conduta humana.[80] E isso, no sistema jurídico nacional, se dá pelo processo de tipificação. De modo que, como refere BATISTA (2011, p. 41), "uma conduta humana passa a ser chamada 'ilícita' quando se opõe a uma norma jurídica ou indevidamente produz efeitos que a ela se opõem". Ressalta o autor, ainda,

> o elemento que transforma o *ilícito* em *crime* é a decisão política – o ato legislativo – que o vincula a uma *pena*. Esse é o substrato das definições formais de crime, e ele nos revela que a pena não é simples "consequência jurídica" do crime, mas sim, antes disto, sua própria *condição de existência jurídica* (BATISTA, 2011, p. 42).

---

[79] Ressalta-se que neste livro será utilizada a expressão homofobia ainda que seja tratado sobre a criminalização de atos discriminatórios em razão de identidade de gênero e orientação sexual e, assim, incluindo-se a discriminação contra lésbicas, gays, bissexuais, travestis e transexuais.

[80] "É intolerável que se pretenda formalizar juridicamente poder punitivo sobre outro ente que não seja uma pessoa e por outro motivo que não se assente em uma conduta dela" (ZAFFARONI; BATISTA, 2010, p. 26).

Como se percebe, não é qualquer conduta que pode ser considerada ilícita e não é qualquer reclame social que tem o condão de promover a alteração do direito penal. A partir da Lei nº 7.209/84, o Código Penal brasileiro passou a adotar a teoria final da ação para explicar o que é um delito (crime), ou seja, quais os requisitos exigidos para a configuração de um delito. A teoria final da ação foi elaborada por Hans Welzel em oposição à teoria causal da ação de Von Liszt,[81] que era adotada no Brasil e defendia ser a ação um conjunto de três elementos: a manifestação de vontade, o resultado e a relação de causalidade. Todavia, deslocava-se para a culpabilidade (dolo ou culpa) o conteúdo da vontade (BITENCOURT, 2013).

Para a teoria de Welzel, a *teoria finalista*, a ação é a realização da atividade final, ou seja, o ser humano tem capacidade de prever as possíveis consequências de suas ações, havendo condições de mudar ou continuar a ação de acordo com seu objetivo final.

> Welzel entende que "a vontade é a espinha dorsal da ação final", considerando que a *finalidade* baseia-se na *capacidade de vontade* de prever, dentro de certos limites, as consequências de sua intervenção no curso causal e de dirigi-lo, por conseguinte, conforme um plano, à consecução de um fim. Sem vontade, que dirige o suceder causal externo, convertendo-o em uma ação dirigida finalisticamente, a ação ficaria destruída em sua estrutura e seria rebaixada a um *processo causal* cego. A *vontade final* sustentava Welzel, como fator que configura *objetivamente* o acontecer real, pertencente, por isso, à ação (BITENCOURT, 2013, p. 288).

Desse modo, com a ação final, objetiva-se um fim e, para isso, escolhem-se os meios de ação necessários para a sua realização no mundo real. Segundo Santos (2000, p. 15), "o ponto de partida do modelo final da ação é a distinção entre *fato natural* e *ação humana*".

> O fato natural é fenômeno determinado pela causalidade, um produto mecânico de relações causais cegas; a ação humana é acontecimento dirigido pela vontade consciente do fim. Na ação humana, a vontade é a energia produtora da ação, enquanto a consciência do fim é sua direção inteligente: a finalidade dirige a causalidade para configurar o futuro conforme o plano do autor (SANTOS, 2000, p. 15).

Entretanto, ressalta-se que a vontade de praticar uma ação não pode ser tipificada como um fato típico. De maneira que, sentimentos e pensamentos preconceituosos em relação à orientação sexual e identidade de gênero de pessoas LGBT não podem ser considerados condutas humanas homofóbicas para fins de tipificação penal.

---

[81] A teoria causal da ação foi elaborada por Von Liszt e Beling no final do século XIX. Para esta teoria a *ação* consiste numa modificação causal do mundo exterior, perceptível pelos sentidos, e produzida por uma manifestação de vontade, isto é, por uma ação ou omissão voluntária [...] ação é movimento corporal voluntário que causa modificação no mundo exterior (BITENCOURT, 2013, p. 288).

Ademais, para se falar em crime, obviamente, não basta que a ação cause uma ofensa real ou potencial a um bem jurídico, mas também que essa ação seja típica, ilícita e culpável. E aí, pousa a complexidade a respeito da *homofobia*. Como dizê-la típica, ilícita e culpável?

Trata-se de um termo subjetivo e, dessa forma, diversas condutas podem ser identificadas como homofóbicas e, para fins de criminalização, deveriam todas ser descritas no tipo penal.

Tem-se que Direito Penal brasileiro utiliza-se do princípio da legalidade (*nullum crimen, nulla poena sine previa lege*), com previsão no artigo 1º do Código Penal em conformidade com o texto constitucional. A Constituição Federal brasileira, por sua vez, consagrou o princípio da legalidade ou princípio da anterioridade como cláusula pétrea, em seu art. 5º, inciso XXXIX, que aduz: "não haverá crime sem lei anterior que o defina, nem pena sem prévia cominação legal".

É, assim, o princípio da legalidade ou da reserva legal uma garantia ao cidadão, conforme explica Luisi (2003, p. 23):

> O postulado da Reserva Legal, além de arginar o poder punitivo do Estado nos limites da lei, dá ao direito penal uma função de garantia, posto que tornando certos o delito e a pena, asseguram ao cidadão que só por aqueles fatos previamente definidos como delituosos, e naquelas penas previamente fixadas pode ser processado e condenado.

Para Zaffaroni (1991), o princípio da legalidade se subdivide em dois: o "princípio da legalidade penal" e o "princípio da legalidade processual".

> O princípio da legalidade penal exige que o exercício do poder punitivo do sistema penal aconteça dentro dos limites previamente estabelecidos para a punibilidade (com especial ênfase nos limites da tipicidade, a ponto de se tentar uma distinção entre "tipo sistemático" e "tipo garantia"). O princípio de legalidade processual (ou legalidade da ação processual) exige que os órgãos do sistema penal exerçam seu poder para tentar criminalizar todos os autores de ações típicas, antijurídicas e culpáveis e que o façam de acordo com certas pautas detalhadamente explicitadas[82] (ZAFFARONI, 1991, p. 21).

Ressalta Toledo (2002, p. 22) que a função de garantia da lei penal somente será plena se a lei for prévia, escrita, estrita e certa:

---

[82] O autor refere ainda que "o 'princípio da oportunidade' limita esta obrigação, mas a limitação está sempre regulada, não ficando ao arbítrio total do órgão que a exerce; portanto, mesmo sob uma legislação rígida, o princípio de oportunidade processual, o exercício da ação, deve ser sempre 'legal', pois a única diferença consiste em que em um caso a ação corresponde – hipoteticamente, é claro – a todas as informações sobre um delito, ao passo que, no segundo caso, também corresponde à mesma suposição, mas desde que não se enquadre em nenhum dos casos em que se proíbe ao órgão impulsor exercer a ação" (ZAFFARONI, 1991, p. 21).

Lex praevia significa proibição de edição de leis retroativas que fundamentem ou agravem a punibilidade. *Lex scripta*, a proibição da fundamentação ou do agravamento da punibilidade pelo direito consuetudinário. *Lex stricta*, a proibição da fundamentação ou do agravamento da punibilidade pela analogia (*analogia in malam partem*). *Lex certa*, a proibição de leis penais indeterminadas.

Com a aplicação concomitante desses quatro princípios, contidos por implicitude no princípio geral antes referido, constrói-se a denominada função de garantia da lei penal, que pode também ser entendida como autêntica 'função de garantia individual das cominações penais' (TOLEDO, 2002, p. 22-23).

Para Batista (2011, p. 65), estes postulados constituem a chave mestra de qualquer sistema penal que pretenda ser racional e justo e, segundo o autor, "além de assegurar a possibilidade do prévio conhecimento dos crimes e das penas, o princípio garante que o cidadão não será submetido à coerção penal distinta daquela predisposta na lei".

Exige-se que as leis penais incriminadoras sejam extremamente claras, certas e determinadas, sob pena de comprometer a função do princípio da legalidade de proteger as garantias individuais, se as normas não forem claras e objetivas possibilitando a compreensão por qualquer cidadão.

Esta regra é dirigida, sobretudo ao legislador,[83] proibindo ao mesmo, na elaboração das leis, a utilização de tipos penais com expressões ambíguas, indeterminadas e vagas, capazes de ensejar diferentes entendimentos. Ou seja, conceitos e verbos penais amplos, se não abertos a várias interpretações, devem ser evitados sob possibilidade de ensejar insegurança jurídica e violação de direitos e garantias fundamentais.

Assim, observa-se que é imprescindível para a manutenção da segurança jurídica que se tenha clareza sobre qual a conduta humana tipificada como ilícita. Para tanto, é preciso respeitar, ainda dentro do princípio da legalidade a determinação ou taxatividade, a que Luisi (2003, p. 24) prefere chamar de "determinação taxativa".

> O postulado em causa expressa a exigência de que as leis penais, especialmente as de natureza incriminadora, sejam claras e o mais possível certas e precisas. Trata-se de um postulado dirigido ao legislador vetando ao mesmo a elaboração de tipos penais com a utilização de expressões ambíguas, equívocas e vagas de

---

[83] Conforme explica Lira (2013, p. 66-67) "para subsidiar o processo de produção de leis, o legislador utiliza técnicas legislativas como clareza, precisão, observância ao ato jurídico perfeito e à coisa julgada e remissões. A clareza envolve o uso da linguagem adequada aos destinatários da lei [...] à precisão, tal técnica legislativa visa a evitar 'fórmulas genéricas' nos textos das leis, a fim de não causar no destinatário da norma incertezas em relação a seus direitos e deveres [...]".

modo a ensejar diferentes e mesmo contrastantes entendimentos. O princípio da determinação taxativa preside, portanto, a formulação da lei penal, a exigir qualificação e competência do legislador, e o uso por este de técnica correta e de uma linguagem rigorosa e uniforme.

[...] a exigência de normas penais de teor preciso e unívoco decorre do propósito de proteger o cidadão do arbítrio judiciário, posto fixado com a certeza necessária à esfera do ilícito penal, fica restrita a discricionariedade do aplicador da lei (LUISI, 2003, p. 24-25).

Nota-se que há uma preocupação dos autores em ressaltar a importância do legislador ter atenção na hora de formular uma lei penal para que ela seja expressa de forma certa, clara e objetiva. E, assim, ao se postular a criminalização da *homofobia* é preciso determinar o que é uma "conduta homofóbica" para que, a partir daí, se possam descrever quais serão àquelas que estarão descritas no rol das condutas típicas e, ainda, desse modo, poder analisar qual o dolo[84] do agente para a prática do delito.

Considerando que o dolo é a vontade consciente de uma pessoa humana de realizar uma ação (TOLEDO, 2002, p. 139) e, conforme preceitua o artigo 18, inciso I, do Código Penal brasileiro, um crime será "doloso, quando o agente quis o resultado ou assumiu o risco de produzi-lo", é necessário que a "conduta homofóbica" seja expressamente determinada para que se possa responsabilizar alguém por praticar essa ação. Dessa maneira, para penalizar alguém pela prática de um crime homofóbico, será necessário demonstrar que a pessoa, mesmo tendo conhecimento de se tratar de um fato típico, age pela vontade de praticar aquela ação por motivo de preconceito e/ou discriminação em relação à orientação sexual ou identidade de gênero da vítima.

Para Borillo (2015, p. 13), uma atitude de hostilidade com relação às pessoas homossexuais é homofobia. O autor menciona, ainda que

do mesmo modo que a xenofobia, o racismo ou o antissemitismo, a homofobia é uma manifestação arbitrária que consiste em designar o outro como contrário, inferior ou anormal; por sua diferença irredutível, ele é posicionado a distância, fora do universo comum dos humanos (BORILLO, 2015, p. 13).

Para Rios (2007, 117-118), homofobia é "uma forma de preconceito, que pode resultar em discriminação", sendo "direcionada

---

[84] Para Santos (2002, p. 62), o dolo "é a vontade consciente de realizar um crime, ou, mais tecnicamente, o tipo objetivo de um crime, também definível como **saber** e **querer** em relação às circunstâncias de fato do tipo legal". De tal modo, "o dolo é composto de um elemento *intelectual* (consciência, no sentido de representação psíquica) e de um elemento *volitivo* (vontade, no sentido de decisão de agir), como fatores formadores da ação típica dolosa".

contra homossexuais". Quanto à denominação de preconceito e discriminação, o autor esclarece:

> "preconceito e discriminação são termos correlatos, que, apesar de designarem fenômenos diversos, são por vezes utilizados de modo intercambiado". Para o autor, "por preconceito, designam-se as percepções mentais negativas em face de indivíduos e de grupos socialmente inferiorizados, bem como as representações sociais conectadas a tais percepções". Já o termo discriminação designa a materialização, no plano concreto das relações sociais, de atitudes arbitrárias, comissivas ou omissivas, relacionadas ao preconceito, que produzem violação de direitos dos indivíduos e dos grupos. O primeiro termo é utilizado largamente nos estudos acadêmicos, principalmente na psicologia e muitas vezes nas ciências sociais; o segundo, mais difundido no vocabulário jurídico (RIOS, 2007, p. 112-113, grifos do autor).

Desse modo, se o tipo delitivo é um modelo de comportamento humano, para tipificá-lo é necessário selecionar quais as ações (quais palavras, quais atos etc.) serão considerados fatos típicos. Portanto, a seletividade penal se inicia(ria) pela descrição do comportamento homofóbico no formato de um preceito de lei.

Portanto, para se falar em criminalização da homofobia é preciso definir quais as condutas serão consideradas atos de discriminação por orientação sexual e identidade de gênero, não podendo fazê-lo apenas com expressão genérica de "Praticar atos homofóbicos",[85] porquanto se teriam, em diferentes condições de espaço e tempo, interpretações variadas, unanimidade sequer encontrada entre os militantes dos novos movimentos sociais.

As ações discriminatórias direcionadas aos homossexuais têm de ser especificadas no tipo penal, ensejando a violação, seja por atos físicos ou psíquicos, da orientação sexual ou identidade de gênero, tal qual há ofensa por ações, gestos e palavras em relação à etnia, raça ou cor.

Trata-se de uma tarefa complexa, pois a *homofobia* compreende uma diversidade de condutas. E, ainda, pode-se manifestar por meio de duas formas de violência: a física e a não física. Para Rios (2007), ambas as formas são extremamente graves e danosas às vítimas.

> A violência física, mais visível e brutal, atinge diretamente a integridade corporal, quando não chega às raias do homicídio. A segunda forma de violência, não-física, mas não por isso menos grave e danosa, consiste no não reconhecimento e na injúria. O não-reconhecimento, configurando uma espécie de ostracismo social, nega valor a um modo de ser ou de viver, criando condições para modos de tratamento degradantes e insultuosos (RIOS, 2007, p. 130-131).

---

[85] A exemplo e diferente de "Matar alguém" (art. 121 do Código Penal).

Nesse sentido, entende Borillo (2015, p. 16) que "a homofobia é um fenômeno complexo e variado que pode ser percebido nas piadas vulgares que ridicularizam o indivíduo efeminado, mas ela pode também assumir formas mais brutais".

De qualquer forma, nesse contexto de dizer ou não o direito penal, ou melhor, o tipo penal, função essa do legislador, passa pelo caráter seletivo do Direito Penal. A *ultima ratio*, em regra, deve passar pelo crivo social, moral, político e normativo. No caso da *homofobia* e do "desejo" de criminalização das condutas relacionadas, a seletividade tem um fator social e midiático bastante presente e, por que não (?), tendente a influenciar o contexto político a selecionar essa parcela nociva de conduta e produzir mais direito penal.

Na análise de Toledo (2002, p. 5): "O crime é um fenômeno social complexo que não se deixa vencer totalmente por armas exclusivamente jurídico-penais". Tenciona ele o equívoco costumeiro e frequente da opinião pública, dos responsáveis pela Administração e do próprio legislador, que pretendem e supõem que, "com a edição de novas leis penais, mais abrangentes ou mais severas, será possível resolver-se o problema da criminalidade [...]". No entanto, mesmo assim fazem esse processo seletivo e incrementam o direito penal na esperança de mais segurança.[86]

> Não percebem os que pretendem combater o crime com a só edição de leis que desconsideram o fenômeno criminal como efeito de muitas causas e penetram em um círculo vicioso invencível, no qual a própria lei passa, frequentemente, a operar ou como importante fator criminógeno, ou como intolerável meio de pressão (TOLEDO, 2002, p. 5).

Porém, essa seletividade, como referido, tem um forte apelo social, dos movimentos de massa relacionados e intensificados pela mídia, exploradora do tema a cada ano ou em espaços de tempo mais reduzidos. Os primeiros (movimentos) têm farta articulação e, em face às vulnerabilidades vertentes, têm acesso e voz. Usam e se fortalecem com a utilização e divulgação da mídia, escrita, televisiva e, mais hodiernamente, a digital e vinculada às redes sociais.

Não sabem eles ser "possível que a grande maioria dos criminosos potenciais não deixe de levar a cabo os seus intentos ilícitos ou de dar vasão a seus impulsos, diante da simples previsão legal

---

[86] Sobre isso Zaffaroni se manifesta usando a seguinte metáfora: "Ninguém compra um apartamento impressionado pela maquete apresentada por uma empresa notoriamente insolvente; no entanto, compramos a suposta segurança que o sistema penal nos vende, que é a empresa de mais notória insolvência estrutural em nossa civilização" (1991, p. 27).

da pena" (TOLEDO, 2002, p. 4). O medo faz com que a sociedade passe a exigir mais direito penal.

Como diz Glassner (2003, p. 24): "Os medos válidos têm sua razão de ser: dão-nos dicas sobre o perigo. Os medos falsos e exagerados causam apenas apuros". A sociedade brasileira contemporânea vive com medo, especialmente em relação à sensação de aumento da violência criminal diante das notícias divulgadas pela mídia. Precisa-se, deste modo, entender o que é a "cultura do medo".

Partindo-se da premissa de que em virtude das notícias publicadas na mídia há um aumento da sensação de medo, é necessário avaliar de que forma a temática da violência é enfocada pelos meios de comunicação, especialmente pela Internet, por meio de *sites* de notícias e, assim, compreender o que é a "cultura do medo".

4.1. Cultura do medo e mídia: produção de verdades?

Vive-se em uma sociedade complexa, cheia de possibilidades e incertezas. Este cenário faz com que aumente o medo, uma sensação projetada diante de tantos perigos, inseguranças, principalmente em relação ao aumento da criminalidade e à ausência de proteção. E é nesse contexto que a "cultura do medo"[87] se espalha como uma onda pela sociedade, atingindo praticamente todos os âmbitos de nossas vidas, seja na esfera pública, seja na privada. Mas o que é este sentimento? Por que há uma propagação do medo?

Para Bauman (2008, p. 8), "medo é o nome que damos a nossa incerteza: nossa ignorância da ameaça e do que pode e do que não pode fazer ou não fazê-la, parar ou enfrentá-la, se cessá-la estiver além de nosso alcance".

Ainda em relação ao significado do "medo", Bauman (2008) afirma que esse sentimento surge a partir de experiências vividas pelas pessoas ou ainda diante de uma "ameaça" de sofrer alguma violência.

> O "medo derivado" é uma estrutura mental estável que pode ser mais bem descrita como o sentimento de ser *suscetível* ao perigo; uma sensação de insegurança (o mundo está cheio de perigos que podem se abater sobre nós a qualquer momento com algum ou nenhum aviso) e vulnerabilidade (no caso de o perigo se concretizar, haverá pouca ou nenhuma chance de fugir ou de se defender com sucesso; o

---

[87] Pastana (2007, p. 91) ao falar sobre cultura do medo conceitua "cultura" como o "reflexo das mudanças nas relações sociais, desde a esfera da produção econômica até a esfera do imaginário individual/coletivo e das representações de ordem".

pressuposto da vulnerabilidade aos perigos depende mais da falta de confiança nas defesas disponíveis do que do volume ou da natureza das ameaças reais). Uma pessoa que tenha interiorizado uma visão de mundo que inclua a insegurança e a vulnerabilidade recorrerá rotineiramente, mesmo na ausência de ameaça genuína, às reações adequadas a um encontro imediato com o perigo; o "medo derivado" adquire a capacidade da autopropulsão (BAUMAN, 2008, p. 9).

Em outras palavras, a forma e o volume com que são transmitidas as informações sobre a violência pelos meios de comunicação fazem surgir o que Pastana (2007, p. 95) chama de "antecipação de uma vitimização futura", ou seja, há uma identificação com a vítima daquele fato noticiado, gerando uma sociabilidade da insegurança.[88] A autora descreve, também, que diante da grande veiculação de notícias sobre criminalidades – onde "parte importante da experiência do mundo passa pelas imagens que nos mostram como se estivéssemos lá ou como se tivéssemos estado" –, isso faz surgir nas pessoas a sensação de que todos aqueles acontecimentos fazem parte da realidade individual de cada um (PASTANA, 2007, p. 95).

Já Pinheiro (2003) refere que o sentimento de medo, especificamente relacionado ao crime, está sempre presente na vida das pessoas, desde a infância,

> o medo do crime é um sentimento que está colado em nós desde a infância. As primeiras histórias infantis souberam como nenhum meio de comunicação lidar com esse sentimento.
>
> [...] A questão é que no mundo ocidental nascemos e crescemos numa cultura do medo. Em nenhum momento da história, seja nos Estados Unidos, seja na maioria das sociedades contemporâneas, tantas pessoas tiveram tanto medo (PINHEIRO, 2003, p. 11).

Porém, o outro questionamento que se faz é em relação aos motivos para a propagação acelerada da cultura do medo na sociedade contemporânea. Glassner (2003) apresenta duas explicações: uma mais complexa, relacionada às "tensões pré-milenárias", ou seja, em razão das mudanças que ocorrerem no período compreendido entre o final de um milênio e início de outro faz com que as pessoas fiquem mais ansiosas e com um raciocínio doentio, ou

---

[88] Garcia (2005, p. 88) refere que ao se divulgar demasiadamente fatos, imagens sobre violência "cria-se, assim, uma falsa sensação de realidade, pois a comunicação de massa é capaz de manipular os fatos de tal forma que se perde, em absoluto, o contexto em que estes ocorreram. Percebemos, com isso, uma verdadeira ausência de delimitação, pelos meios de comunicação, daquilo que é 'real' e daquilo que é 'imaginário', pois a mídia em geral, ao aproximar cada vez mais fatos ocorridos nos cantos mais distantes do mundo, passa ao cidadão comum a impressão, nem sempre verdadeira, de que qualquer ação, em qualquer lugar do mundo, pode trazer consequências nefastas ao seu cotidiano. Somos efetivamente levados a crer na aproximação daquilo que se encontra à milha de distância do nosso cotidiano".

melhor, "a população não consegue manter a cabeça no lugar" (GLASSNER, 2003, p. 29).

A outra explicação dada pelo autor, considerada mais popular, é a interferência da mídia jornalística, pois é dada uma grande ênfase às notícias sobre violência e criminalidade.

> [...] a mídia nos bombardeia com histórias sensacionalistas idealizadas para aumentar índices de audiência [...].
> A jogada é habitual. Os produtores de programas de reportagem normalmente deixam que os relatos emotivos passem por cima da informação objetiva (GLASSNER, 2003, p. 32-32).

Então, como ensina Glassner (2003), não há como analisar a cultura do medo sem considerar a ação da imprensa, pois a considera como a principal instituição responsável pela criação e sustentação do pânico, intensificação incrementada pelo uso interativo de redes sociais. Deste modo, é salutar analisar a forma como o tema da violência é tratado pela mídia.[89]

Reprise-se: a partir desse contexto, tende a sociedade exigir a intervenção do Estado, especialmente do poder político e produzir mais direito penal. Nesse sentido, refere Garcia (2005):

> Os meios de comunicação de massa "contentam-se em excitar o afecto, comover". Como consequência, temos no meio social a elevação de um clima nunca antes visto de insegurança, emergente da própria "sociedade de risco", mas, também, e principalmente, potencializado por uma enfatização provocada pelos meios de comunicação, onde a transmissão de uma imagem provoca a aproximação, onde o distante e o local têm uma presença quase idêntica. Não se quer, com isso, ignorar o caráter informativo da mídia, mas apenas ressaltar a necessidade de que esta função seja realizada com um mínimo de responsabilidade, haja vista o grau de afetação que a divulgação de determinadas notícias provoca no meio social (GARCIA, 2005, p. 88-89).

A informação dada pela imprensa sobre a criminalidade terá importância variável de acordo com a forma como ela será compreendida pela sociedade. Entretanto, para Pastana (2007, p. 107), essa compreensão "pode ser manipulada por interesses que perpassam diluídos nos discursos vinculados na imprensa" e, enfatiza a autora, sobre "as noções das pessoas sobre criminalidade [que], por exemplo, nem sempre correspondem à realidade, pois são, em grande parte, influenciadas pela forma como a imprensa falada e escrita tratam o tema".

---

[89] Mídia – neste livro será tratada como todos os meios de comunicação de massa, especialmente televisão e internet.

Quanto à maneira como a mídia explora e manipula as notícias que envolvem a temática da violência, para que se possa compreender esse contexto contemporâneo, necessário partir-se de análises sociológicas críticas e atuais exploradoras da violência e do risco e como, num contexto sistêmico, há interferência entre os diversos atores sociais e organizacionais, afetando – ou procurando afetar – o direito, especialmente o direito penal. Beck (2011) e Luhmann (2006) abordam criticamente a sociedade do risco, embora este afirme categoricamente que cada ação humana comporta risco.

Percebe-se a necessidade de controle estatal desses riscos muito em vista da falta de controle de outras áreas que não a do direito, especialmente sobre as situações que podem ou têm o condão de causar danos sociais. Encaminha-se, então, a sociedade com o direito penal como sendo a parte mais fragmentada do direito.

É certo que há mudança de valores da sociedade, com sua evolução natural e a proliferação dos riscos. A sociedade passa a exigir maior domínio sobre aquilo que não conhece ou não tem como conhecer ou, ainda, sobre aquilo que não sabe sobre seus efeitos. Então, usar o direito penal como ferramenta de controle dos indivíduos passou a ser comum,[90] muito embora muitas avaliações jurídicas são diversas das que partem dos anseios da sociedade. Há que se compreender o momento complexo da sociedade para avaliar se determinadas situações podem ou não ser objeto do direito penal, não só do ponto de vista social como também jurídico--constitucional.

Porém, não se pode deixar de avaliar (no objeto deste estudo) as interações e interconexões entre a realidade, a compreensão da realidade e a exposição de fatos pela mídia. Luhmann (2005), em abordagem à realidade dos meios de comunicação social, enfatiza que

> quantidades são sempre informativas, porque qualquer número determinado não é nada além daquilo que é mencionado – ele não é nem maior nem menor. E isso vale independentemente se a pessoa entende ou não o contexto específico (quer dizer, se sabe ou não o que quer dizer um produto social bruto ou um segundo colocado). O valor informativo pode ser aumentado por meio da quantidade, ao se adicionarem valores comparativos – sejam eles de tempo (índice de inflação do ano passado), ou materiais, por exemplo, dados territoriais. Em relação às quantificações, podem ser produzidos também "efeitos de ah-á!" sem nenhuma substância, assim como, ao mesmo tempo, mais informações para aqueles que já conhecem o

---

[90] Para Ferrajoli (2012) há uma ligação forte entre poder e medo. O autor entende que "existe um nexo poderoso entre poder y miedo há sido siemprela principal fuente y el principal recurso Del poder" (FERRAJOLI, 2012, p. 62).

assunto. Além disso, considera-se o peso maior de informação que têm os grandes números compactos do ponto de vista local e cronológico (muitos mortos em *um* acidente, perdas colossais em *uma* fraude) (LUHMANN, 2005, p. 59).

Desse modo, dado o contexto de análise deste estudo, faz-se fundamental observar a maneira como são apresentadas as notícias sobre a criminalidade na mídia utilizando a temática da violência envolvendo a população LGBT no Brasil.

Assim, em pesquisa sobre o assunto na Internet, foi possível perceber, através dos títulos das notícias, que o assunto é tratado de uma forma alarmante, com informações de aumento de índices e apontando o Brasil em primeiro lugar no *ranking* relacionado a este tipo de violência.

Pode-se observar, pelos destaques noticiosos, nos exemplos a seguir relacionados que há uma exploração midiática sobre a violência homofóbica.

Em 2016, houve um ataque a uma boate gay em Orlando, na Flórida, onde um atirador entrou no local e, efetuando vários disparos de arma de fogo, matou cinquenta pessoas e feriu diversas outras. Este fato gerou uma repercussão mundial, inclusive aqui no Brasil.

Uma semana após o evento, o programa Fantástico, da Rede Globo,[91] levou ao ar uma reportagem com enfoque na violência contra gays no Brasil. Foram relatados três casos de pessoas que sofreram violência (física, moral e psicológica) em razão da discriminação por serem pessoas com orientação sexual diversa da heterossexual. Foram indicados números sobre este tipo de agressão e apontadas as dificuldades que as vítimas encontram no momento do registro de ocorrência, pois em não havendo o tipo penal específico para a homofobia, acaba sendo registrado como outra conduta que já tenha uma previsão legal.[92]

Aproximadamente um mês após o episódio, o *site* UOL notícias internacionais divulga reportagem do jornal americano *New York Times* publicada no dia 05/07/2016, sob o título "Brasil está en-

---

[91] A reportagem exibida no Fantástico está disponível no *site* do G1.com, link: <http://g1.globo.com/fantastico/noticia/2016/06/cada-28-horas-um-homossexual-morre-de-forma-violenta-no-brasil.html>.

[92] Dos casos de violência relatados na reportagem, um (referente à violência sofrida por um casal de lésbicas em uma loja de conveniência, as quais foram agredidas verbalmente por um homem após saber da orientação sexual delas) foi registrado como ameaça e perturbação da tranquilidade, e outro (sobre um homem gay que foi agredido fisicamente, quando saía de um bloco de carnaval) foi registrado como roubo (G1, 2016, s/p.).

frentando uma epidemia de violência homofóbica"[93] e conclui que, em razão disso, o país "é o lugar mais perigoso do mundo para lésbicas, gays, bissexuais e transgêneros". A reportagem, citando dados do Grupo Gay da Bahia, aborda questões como o aumento da violência contra pessoas com orientação sexual e identidade de gênero LGBT e a dificuldade de diminuir a intolerância das pessoas mais conservadoras, de aprovação e reconhecimentos de direitos para a população LGBT em razão da resistência dos políticos conservadores, especialmente os evangélicos, que ocupam grande parte da bancada no Congresso Nacional brasileiro.

No início da reportagem está posta uma imagem com dois manequins com vestidos ao lado de um espelho que reflete a imagem de uma pessoa do sexo masculino segurando em seu ombro direito um tecido que, em razão das listras coloridas, faz lembrar a bandeira do arco-íris do movimento LGBT.

Na sequência, são relatados três fatos ocorridos próximo à data da reportagem e que resultaram na morte de quatro pessoas, todos "gays ou transgêneros". Uma das vítimas foi morta no Amazonas após ser atingida por golpes de arma branca em via pública; na Bahia, os corpos de dois professores foram localizados carbonizados no porta malas de um carro incendiado e o terceiro caso relatado é de um rapaz que foi agredido e apedrejado até a morte no Rio de Janeiro (JACOBS, 2016, s/p.).

Esses casos são narrados para chamar a atenção para a forma violenta com que essas vítimas foram mortas e ao fato de serem "gays ou transgêneros" associando-se, assim, a motivação do crime à homofobia e ao aumento da violência homofóbica no Brasil.

> Enquanto os americanos debatem vigorosamente como responder ao massacre no mês passado em uma boate gay em Orlando, Flórida, os brasileiros enfrentam sua própria epidemia de violência homofóbica, uma que, segundo alguns levantamentos, rendeu ao Brasil a infame classificação de lugar mais mortífero do mundo para lésbicas, gays, bissexuais e pessoas transgênero (JACOBS, 2016, s/p.).

Após ser enfatizado na reportagem o aumento de casos de violência contra pessoas com orientação sexual e identidade de gênero LGBT no Brasil referem ser difícil de conciliar essas estatísticas com a "imagem do Brasil de sociedade aberta e tolerante, uma nação que aparentemente nutre expressões livres de sexualidade durante

---

[93] Ver no Anexo A o inteiro teor dessa reportagem, ou no *link*: <http://noticias.uol.com.br/internacional/ultimas-noticias/the-new-york-times/2016/07/06/brasil-esta-enfrentando-uma-epidemia-de-violencia-antigay.htm>.

o Carnaval e realiza a maior parada gay do mundo na cidade de São Paulo" (JACOBS, 2016, s/p.).

É mencionado, ainda, que essa imagem apresentada pelo Brasil é em razão da mudança ocorrida após o período da ditadura, dando-se lugar à democracia, de modo que "o governo brasileiro introduziu numerosas leis e políticas visando melhorar a vida das minorias sexuais".[94]

Entretanto, pondera-se que embora tenham ocorrido avanços em relação aos "costumes sociais tradicionais" a partir de "políticas liberais do governo", a "violência homofóbica [...] pode ser rastreada à cultura de machismo e ao estilo de cristianismo evangélico do Brasil [...]". Desse modo, com o aumento da população de evangélicos e, consequentemente, de eleitores dessas congregações, as bancadas evangélicas aumentaram no Congresso Nacional e exercem um papel cada vez maior na política brasileira, justificando-se, assim, a dificuldade nas tratativas de questões vinculadas a população LGBT no âmbito legislativo[95] (JACOBS, 2016, s/p.).

Nota-se que a notícia dá ênfase para o aumento da violência homofóbica, ao ponto de considerar que o Brasil está enfrentando uma "epidemia", contudo, não é referida uma fonte oficial válida, apenas se reportando aos dados indicados pelos relatórios do Grupo Gay da Bahia, que, conforme visto anteriormente, são compilados a partir de notícias veiculadas na mídia.[96] Deste modo, ainda que notícia seja sobre a morte de pessoas LGBT, não significa, necessariamente, que a motivação para o crime tenha sido a discriminação por questões sexuais em todos os episódios.

Nesse mesmo contexto, é possível encontrar em *sites* na Internet notícias retratando o aumento da violência homofóbica no Brasil a cada novo ano com base nos relatórios divulgados pelo Grupo Gay da Bahia. A título de exemplo, compilou-se uma reportagem referente à violência contra pessoas LGBT publicada em cada um dos anos compreendidos dentro do referencial espacial desta obra.

---

[94] Na reportagem, são citados alguns exemplos: "Em 1996, ele foi um dos primeiros países a oferecer drogas antirretrovirais gratuitas para pessoas com HIV. Em 2003, o Brasil foi o primeiro país na América Latina a reconhecer uniões de mesmo sexo para fins de imigração, e foi um dos primeiros a permitir que casais gays adotassem crianças. Em 2013, o Judiciário brasileiro na prática legalizou o casamento de mesmo sexo" (JACOBS, 2016, s/p).

[95] Exemplos de questões que sofrem resistência para aprovação no Congresso Nacional: o ensino dobre diversidade de gênero nas escolas e a criminalização da homofobia.

[96] Sobre a utilização dos relatórios do Grupo Gay da Bahia, ver nota de rodapé nº 4.

No ano de 2013, foi publicado pelo *site* O Globo.com a reportagem da jornalista Mariana Timóteo da Costa, com o título: "Com avanço dos direitos, violência contra gays não cai: dos cinco estados mais violentos, quatro reconhecem casamento homoafetivo".[97] O enfoque da notícia é demonstrar que mesmo sendo reconhecidos direitos às pessoas com identidade de gênero ou orientação sexual LGBT, referindo-se ao casamento homoafetivo, isso não faz diminuir os números da violência contra elas em razão de sua sexualidade.

Na sequência, são indicados os números da violência homofóbica no Brasil nos anos de 2011, 2012 e 2013 divulgados pelo Grupo Gay da Bahia e pela Secretaria de Direitos Humanos da Presidência da República.

> O Relatório Anual de Assassinato de Homossexuais de 2012, compilado pelo Grupo Gay da Bahia, mostrou que 338 gays, travestis e lésbicas foram assassinados no ano passado, fazendo o país ocupar o primeiro lugar no ranking mundial de assassinatos homofóbicos. Nos dois primeiros meses de 2013, já foram 48 homicídios. À medida que os direitos avançam, a estatística de violência aumenta: em 2011 foram 266 mortes; em 2010, 260.
>
> A Secretaria de Direitos Humanos da Presidência da República, que possui o Disque 100 (canal telefônico por onde homossexuais podem denunciar casos de violência), registrou, em 2011, 1159 reclamações. Em 2012, o número mais que dobrou: 3017. Os campeões de reclamações (em relação ao seu número de habitantes) são: Distrito Federal, Mato Grosso, Paraíba, Rio Grande do Norte e Piauí. Em três deles (DF, PB, PI), por exemplo, gays podem se casar (COSTA, 2013, s/p.).

Ainda na mesma reportagem, foi ouvido Beto de Jesus, diretor do Instituto Édison Neris que, embora afirmar que "uma lei não muda o sofrimento e o preconceito", critica o governo federal por "ceder cada vez mais à bancada evangélica" e, em consequência disso causar "entraves em leis como a criminalização da homofobia e puniria crimes de ódio e tolerância" (COSTA, 2013, s/p).

No mesmo contexto de intensidade e constância de mortes de membros dos grupos LGBTs no Brasil, em 2014, a jornalista Ana Claudia Barros publicou no *site* R7.com uma reportagem com o título: "Homofobia motivou um assassinato a cada 27 horas em 2014 no Brasil".

Nessa reportagem é dado enfoque aos dados estatísticos sobre a violência homofóbica no Brasil no ano de 2014 que havia sido divulgado pelo Grupo Gay da Bahia no mês de fevereiro de 2015. O

---

[97] A reportagem completa encontra-se no Anexo B ou no *link*: <http://oglobo.globo.com/brasil/com-avanco-dos-direitos-violencia-contra-gays-nao-cai-8358921>.

documento aponta que, em 2014, 326 pessoas morreram no Brasil em razão da homofobia, significando um assassinato a cada 27 horas.

Foi ouvido pela repórter (BARROS, 2015, s/p.) o antropólogo Luiz Mott, fundador do GGB e coordenador da pesquisa, para ele "todos os dias, no mínimo, um homicídio com motivação homofóbica ocorra no País, o que coloca o Brasil no topo do *ranking*" e refere ainda, que "hoje, 50% dos assassinatos de pessoas trans no mundo acontecem no Brasil".

Ao lado das informações sobre os dados estatísticos divulgados e a fala de Mott foi colocada uma imagem com várias pessoas, provavelmente num momento de manifestação pelos direitos dos LGBT, pois há várias pessoas reunidas e, em primeiro plano, há dois homens se abraçando (que parece ser, pelo contexto da imagem, dois homens homossexuais), mais atrás há duas pessoas vestidas de *dragqueen* e ao fundo da imagem uma pessoa com um guarda-chuva nas cores da bandeira do arco-íris do movimento LGBT aberto e, ainda, algumas pessoas segurando cartazes, sendo possível ler em um deles "PLC JÁ", os demais estão ilegíveis. Esta imagem representa a luta do movimento LGBT pela criminalização da homofobia e que usa como argumento para essa demanda, justamente os dados estatísticos que são divulgados anualmente sobre a violência contra a comunidade LGBT no Brasil.

Da mesma forma que foi dito na primeira reportagem, do jornal americano *New York* Times, sobre a dificuldade de conciliar estatísticas da violência contra a população LGBT e a com a "imagem do Brasil de sociedade aberta e tolerante [...]" (JACOBS, 2016, s/p.), também há considerações sobre as "contradições do Brasil". Como se pode observar no comentário do antropólogo e ativista Luiz Mott:

> O Brasil tem um lado cor-de-rosa: a maior parada gay do mundo, a maior e mais dinâmica associação LGBT do mundo [ABGLT], as novelas estão cada vez mais incluindo personagens gays, lésbicas e trans. Há ainda conquistas institucionais importantes, como o casamento homoafetivo, o nome social para travesti em mais de 20 entidades, universidades e até Ministério Público. Mas, ao mesmo tempo, há um lado vermelho sangue, que é representado pelos assassinatos. Diferentemente do Irã, do Sudão, onde há pena de morte contra os homossexuais, o Brasil não tem legislação punitiva, mas aqui se mata muitíssimo mais do que nos países onde há pena de morte (BARROS, 2015, s/p.).

Barros (2015, s/p.) menciona, ainda, que na avaliação da "especialista em questões de gênero, escritora, psicanalista e professora da USP (Universidade de São Paulo) Edith Modesto, aumento de discussões sobre temas LGBT explicaria reações violentas", pois entende que "o aumento da aceitação das diferenças de orientação sexual por parte da sociedade e a maior incidência do tema nos meios de comunicação explicariam, de certa forma, as reações violentas contra a população LGBT".

Ao final da notícia, Barros (2015, s/p.) transcreve o posicionamento, tanto da professora Edith Modesto quanto do antropólogo Luiz Mott, na defesa da necessidade de aprovação de leis que protegem as pessoas com identidade de gênero ou orientação sexual LGBT e para que diminua a violência contra esses grupos.

Em 17 de maio de 2015, dia em que é comemorado o Dia Internacional contra a Homofobia",[98] foi publicada reportagem no *site* "Catraca Livre" tratando sobre os números divulgados sobre da violência homofóbica ocorrida no ano de 2014. O título refere: "318 LGBTs foram mortos em 2015 no Brasil e você também é responsável por isso" e com base nesses números destacam que "uma morte de LGBT é registrada a cada 28 horas", ou seja, novamente se vê um enfoque no aumento da violência contra a população LGBT e ressalta-se isso ao afirmar que "no mesmo ano, denúncias de violência contra a população LGBT aumentaram 94% em comparação a 2014", conforme a divulgação da Secretaria de Direitos Humanos.

> Segundo o relatório apresentado pela Secretaria de Direitos Humanos, se comparado ao primeiro semestre de 2014, constata-se um aumento significativo de discriminação relacionada à orientação sexual e identidade de gênero. No rol de denúncias, 47% foram registradas na internet, enquanto 53% ocorreram na vida real: nas ruas, escolas, universidades, festas, empresas e demais setores de uma sociedade que se nega a tolerar a diversidade (CATRACA LIVRE, 2016, s/p.).

Da mesma forma que se pode observar nas outras notícias, nessa também são utilizados dados estatísticos sobre violência contra a população LGBT e abordam a necessidade e urgência de "políticas públicas direcionadas à conscientização, inclusão social e prevenção da violência que acomete a população", em especial a LGBT, entretanto, não há manifestação expressa sobre a criminalização da homofobia.

Observa-se, portanto, que essa exploração da temática da violência, em tese, relacionada à discriminação em razão da orientação sexual e identidade de gênero de LGBT pela mídia contribui para

---

[98] No dia 17 de maio de 1992, a expressão "homossexualidade" foi excluída da Classificação Estatística Internacional de Doenças e Problemas Relacionados com a Saúde (CID), da Organização Mundial da Saúde (OMS), e este dia foi denominado como sendo o Dia Internacional Contra a Homofobia (CATRACA LIVRE, 2016, s/p.).

aumentar o sentimento de medo, de insegurança das pessoas diante de notícias que só fazem ressaltar o aumento dos índices de violência. Termos, conjuntos ou não, contextualizados ou não, como "Epidemia de violência homofóbica", "violência contra população LGBT cresceu" e que o Brasil "lidera *ranking*" são comunicacionais intensificadores da percepção de insegurança e inflação do medo.

Reforça-se, deste modo, a cultura do medo. Essa circunstância, aliada a outros fatores, contribui para a perpetuação da sensação de ineficácia do poder público na garantia de um serviço fundamental que é o da segurança pública. Tratando-se de atos (ou "crimes") contra homossexuais, a intensidade demonstrada pelos veículos de imprensa dá a sensação de um número expressivo de situações que exigiriam pronta resposta do legislador criminalizando essa conduta.

Entretanto, Pastana (2007, p. 109, grifo do autor) chama a atenção para o fato de que não se pode mais aceitar a ideia de uma imprensa neutra, pois "ela é a principal 'testemunha pública' dos fatos (conferindo-lhes veracidade) e, por fim, tem a capacidade de operar como produtora de consenso, sendo daí que decorre sua força hegemônica".

Há que se ponderar, por outro lado, que a mídia procura reforçar o sentido de uma notícia através de chamadas que façam com que ela atinja a um número maior de espectadores, leitores e compartilhadores. Não necessariamente, então, faz a análise correta (ou imparcial) dos dados apresentados, tomando parcelas que lhe interessam para intensificar o sentido final da notícia. Esse é o mesmo propósito visualizado em divulgações feitas por entidades ou organizações que buscam defender ideias de insegurança e necessidade de incremento criminal, como é o caso do Grupo Gay da Bahia (GGB). Lembrando que esta ONG produz relatórios anuais sobre a violência homofóbica a partir de coleta de dados sobre toda e qualquer notícia que divulgue a morte de uma pessoa com orientação sexual ou identidade de gênero LGBT.

Deve-se, no entanto, verificar se essa exploração midiática contumaz, relativa ao tema em estudo, é uma análise sobre fatos e circunstâncias que revelem a verdade sobre a realidade brasileira ou se são apenas mecanismos de produção de sensação de insegurança e do medo, intensificadores de anseios por mais direito (penal). Há muito que se refletir sobre isso e sobre a necessidade de se expandir ou não o direito penal sobre esse âmbito.

4.2. O medo e o expansionismo penal

Diante deste cenário de violência que é apresentado a todo o instante pelos meios de comunicação e interação, a percepção social é influenciada, e o medo da violência existe e vem crescendo a cada ano.

Tomadas por este sentimento, as pessoas acabam se deixando manipular e permitem (ou mesmo exigem) que sejam criados mecanismos de segurança e meios de combater essa violência, ainda que isso gere cada vez mais violência. Neste sentido, Costa (2014, p. 246) enfatiza que

> o sentimento de insegurança, de desproteção e de debilidade diante das ameaças e dos perigos desconhecidos, característicos da sociedade atual, conduzem ao pânico e à exigência, muitas vezes difundida pelos meios de comunicação, de respostas rápidas à problemática dessa criminalidade.
>
> Política criminal se torna política de segurança. Perpetua-se a manipulação do medo coletivo difuso, praticado com o escopo de se obterem meios e instrumentos de combate à criminalidade violenta, mediante a restrição das liberdades.

Sobre essa propagação do medo diante da divulgação de um crescente aumento da criminalidade, a violência institucional pode passar a ser vista como a solução para a violência pública, pois "o cidadão começa então a aceitar um controle mais ostensivo, temendo não mais o Estado opressor, mas sim o marginal, o bandido", afirma Pastana (2007, p. 93).

A problemática da solução então se foca em políticas de segurança desencadeadas das políticas criminais ideais, nos quais os

> entes políticos públicos empregam o Direito Penal como mecanismo de controle social formal e instrumento de redução de complexidade, que, por sua vez, utiliza o medo como forma de neutralização da sua própria presença em sociedade. É a tese central das tradicionais funções da pena (prevenção geral, especialmente) (COSTA, 2011, p. 220).

Complexidade e redução das probabilidades não são, assim, alcançadas com o incremento dos tipos penais, embora essa seja, em regra, a resposta do Estado de Direito como mecanismo político de contenção dos anseios sociais. No dizer de Pastana (2003, p. 118),

> qualquer sociedade em constante desenvolvimento e interação modifica e amplia suas formas de sociabilidade entre os indivíduos, bem como também amplia suas condutas compreendidas como desviantes. O Estado muitas vezes é cobrado, por vários setores da sociedade insegura e temerosa, a tomar medidas controladoras destas transformações, sendo que para isso recicla constantemente seus institutos normativos e punitivos.

A autora, (PASTANA, 2003, p. 119) refere, ainda, que a proliferação de leis e crimes tem "diferentes gatilhos, todos criados e mantidos pela cultura do medo":

> Para conter essa proliferação de leis e de crimes, a doutrina jurídica de vários países, a partir da segunda metade do século XX, atenta às necessidades reais de proteção do homem e de seus bens, bem como ao sistema penal sobrecarregado e ineficaz, chama atenção para a necessária redução da inflação legislativa penal, através de diversas modalidades de desinstitucionalização, entre elas a descriminação e despenalização (PASTANA, 2003, p. 119).

Em outros termos, Ferrajoli (2012) conclui que o consenso popular absorve o medo como mecanismo de cobrança, e os gestores o usam como forma de controle e impulsionamento do populismo penal. Para o autor, existe um nexo poderoso entre *poder* e *medo*, sendo este sempre a principal fonte e recurso daquele:

> "Populismo penale". Com esta expresión podemos entender cualquer estratégia em tema de seguridad dirigida a obtener demagógicamente el consenso popular, respondiendo al miedo provocado por La criminalidad com um uso coyntural del derecho penal, tan duramente represivo y antigarantista como ineficaz respecto de las declaradas finalidades de prevención.
> [...]
> La identificación ilusória, enel sentido común, entre seguridad y derecho penal, como si el derecho penal pudiesse producir mágicamente la desaparición de la delincuencia, y por outro, la remoción, ciertamente más costosas y comprometidas, pero también las únicas em grado de agredir y reducir las causa estructurales (FERRAJOLI, 2012. p. 60-62, grifo do autor).

Zeidan (2002) assevera que o direito penal deve ser utilizado como *ultima ratio* na resolução da criminalidade em razão dos efeitos irreversíveis que sua aplicação implica.

> O Direito Penal deve tutelar conflitos sociais somente quando seja estritamente necessário, utilizando um controle razoável para o trato da criminalidade. Deve postar-se em *última ratio* e não como o único meio de solução para o problema da criminalidade. Naturalmente, sua intervenção é traumática e de efeitos irreversíveis, isso implica que só deve ser acionado para a defesa de bens jurídicos fundamentais atacados de forma mais grave e, que outros ramos do direito não ofereçam suficiente proteção jurídica (ZEIDAN, 2002, p. 64).

Volta-se, contudo e, portanto, à questão da seletividade do direito penal. Segundo Zaffaroni (1991, p. 27), "os órgãos legislativos, inflacionando as tipificações, não fazem mais do que aumentar o arbítrio seletivo dos órgãos executivos do sistema penal e seus pretextos para o exercício de um maior poder controlador".

> A seletividade estrutural do sistema penal – que só pode exercer seu poder regressivo legal em um número insignificante das hipóteses de intervenção planificadas

– é a mais elementar demonstração da falsidade da legalidade processual proclamada pelo discurso jurídico-penal. Os órgãos executivos têm 'espaço legal' para exercer poder repressivo sobre qualquer habitante, mas operam quando e contra quem decidem (ZAFFARONI, 1991, p. 27).

Há que se possuir, no entanto, um parâmetro, dentro do contexto do Estado de Direito Democrático, para que essa seletividade não ocorra e, ainda, que não se constitua em arbítrio de legisladores e legislaturas. Por isso é fundamental observar o quanto a intervenção penal é presente na contemporaneidade e como está relacionada com a concepção, recorte deste estudo, do direito penal mínimo.

4.3. O Direito Penal Mínimo e (a ampliação da) intervenção penal

A sociedade contemporânea, caracterizada pela complexidade, com um elevado aumento de demandas, vive num contexto de insegurança e de violência diante da ineficácia das ações do Estado. E, na expectativa de uma melhor forma de sentimento de proteção e segurança, buscam-se soluções através no direito penal e, desta forma, ignora-se que este deve ser considerado como a ultima *ratio*. Neste sentido, Rosa (2014):

> Partindo-se do Direito Penal como última *ratio* (princípios da lesividade, necessidade e materialidade), a regulamentação de condutas deve se ater à realização dos Princípios Constitucionais do Estado Democrático de Direito, construindo-se, dessa forma, modelo minimalista de atuação estatal que promova, de um lado, a realização destes *Princípios* e, de outro, impeça suas violações, como de fato ocorre com a explosão legislativa penal contemporânea, quer pelas motivações de manutenção do *status quo*, como pela "Esquerda Punitiva". Não há dúvida que a resposta estatal é a mais violenta de todas e, por isso, não pode ser o primeiro mecanismo de controle social (ROSA, 2014, s/p.).

É dentro desse contexto que os movimentos sociais LGBT procuram o direito penal como o único ou o melhor meio de solucionar questões relacionadas ao preconceito e discriminação, em especial, no que se refere à violência física.

Desse modo, cria-se, a atual inflação legislativa e sua fúria incessante na criminalização de condutas que podem ser reprimidas por outros campos do Direito e, por vezes, até mesmo da moral, imbricado a crescente demanda acaba por tornar o sistema penal inoperante.

Entretanto, é preciso que se tenha cuidado para que nesse processo o direito penal se torne apenas simbólico, conforme Garcia (2005, p. 94):

> Sabe-se que, nesse processo, o Direito Penal arrisca-se a "fugir" de si mesmo, tornando-se meramente "simbólico". A ameaça do legislador com sanções graves, embora saiba de antemão que não vai ser capaz de proteger eficazmente os bens jurídicos a que se propõe, acaba por criar uma imagem de um Direito Penal incapaz, por um lado, e puramente intimidatório, por outro, que acaba por punir, muito raramente, alguns poucos infratores, que adquirem o *status* de 'bodes expiatórios' (grifos do autor).

Hommerding (2013, p. 28) adverte sobre a necessidade de afastar a aplicação da lei penal apenas como uma função simbólica, sob pena de estar o legislador "a promover a descredibilidade do ordenamento jurídico e a bloquear as funções do Direito Penal".

Para Ferrajoli (2014), enfrentamos uma "crise da forma legal e judiciária do direito penal", em razão de uma "ampliação sem precedentes da intervenção penal, que, sobretudo na última década, invadiu âmbitos que tradicionalmente eram subtraídos do controle judiciário". Para o autor, existem inúmeras razões para que esse aumento excessivo do controle penal ocorra, entre as quais:

> [...] à corrupção de cunho político e administrativo, que se expressa em formas de ilegalidade e delitos sempre mais difusos e sistemáticos que se traduzem em fenômenos de subversão (das tentativas de golpe dos anos sessenta às inúmeras manobras repressivas do serviço secreto, até a formação de consórcios ocultos que, por anos e de formas variadas, ameaçaram nossas instituições); em segundo lugar, a ineficiência dos outros poderes do Estado – parlamento, governo e burocracia – no exercício dos controles que lhe cabiam, bem como a sua incapacidade, ao lado de sua habilidade de autoimunização, de intervenção com soluções políticas ou administrativas nas causas genéticas das novas formas de criminalidade; em terceiro lugar, a inflação crescente das figuras de crime devida à tendência do legislador – por ignorância ou por desconfiança na ineficácia dos controles políticos e administrativos – em sancionar penalmente todas as infrações da lei, ainda que leves e secundárias, e apenas em uma parte mínima balanceada pela tímida vertente de despenalização. É claro que neste vazio de poder legal, e nesta selva de poderes ilegais ou extralegais, a intervenção penal terminou por configurar-se como a principal forma de responsabilização e de controle sobre a atividade dos poderes públicos e privados (FERRAJOLI, 2014, p. 647).

O autor (2014) adverte, ainda, sobre a forma inadequada de se enfrentar todos os males sociais por meio do instrumental penal.

> É, sem dúvida, própria desta extensão maciça do direito penal, sua incursão sobre a estrutura garantista da jurisdição, turvando a legitimidade, favorecendo o exercício distorcido e aumentando a diferenciação entre normatividade dos princípios e efetividade das práticas. A ilusão panpenalística é sempre funesta ao garantismo

sendo o instrumental penal inidôneo para enfrentar todos os males sociais sem se romper ou corromper (FERRAJOLI, 2014, p. 648).

Essa exacerbação e ampliação da utilização do direito penal em busca de soluções céleres para reduzir os índices de criminalidade, tendem a defender graves transgressões a direitos individuais e fragilizam a tutela de bens jurídicos constitucionais protegidos (MARQUES DA SILVA, 2008).

No entanto, ainda que considere ser motivação de uma crise à ampliação sem precedentes da intervenção penal, Ferrajoli (2014) não propõe a deslegitimação do direito penal. Igualmente, aponta para a construção de um 'direito penal mínimo', em que a intervenção penal deverá se justificar a patamares estritamente necessários e, a partir de parâmetros bem definidos, previsíveis no intuito de resguardar os direitos fundamentais.

> [...] conferindo ao direito penal o objetivo de minimizar as lesões (ou exponenciar a tutela), quer dos direitos dos desviantes, quer dos direitos dos não desviantes, o nosso esquema preclui autojustificações aprioristicas de modelos de direito penal mínimo. Em particular, ele reconhece que a pena, em razão do seu caráter aflitivo e coercitivo, é, de qualquer forma, um mal que de nada serve envolver com o manto de uma finalidade filantrópica de tipo reeducativo ou ressocializador, e, de fato, ainda mais aflitivo. Entretanto, ainda que seja um mal, a pena é de qualquer forma justificável se (e somente se) o condenado dela extrai o benefício de ser, por seu intermédio, poupado de punições informais imprevisíveis, incontroladas e desproporcionais (FERRAJOLI, 2014, p. 313).

Para Ferrajoli (2014, p. 309-310), "a pena não serve apenas para prevenir os delitos injustos, mas, igualmente, as injustas punições", desse modo, "o direito penal tem como finalidade uma dupla função preventiva, tanto uma como a outra negativa, quais sejam a prevenção geral dos delitos e a prevenção geral das penas arbitrárias ou desmedidas".

Ao se referir à questão de "contenção e redução do poder punitivo" do direito penal, Zaffaroni menciona que:

> Uma mudança ou redução radical do poder punitivo é extremamente problemática e de modo algum pode ser tarefa do direito penal, dar a limitação do poder jurídico de contenção que este planeja e, portanto, não pode fazer nada além de propor a administração otimizada do poder de contenção reduzido, de forma que permita apenas a passagem do poder punitivo menos irracional, erigindo-se em barreira para o de maior irracionalidade (ZAFFARONI, 2011, p. 171).

Dessa maneira, como técnica de tutela dos direitos fundamentais, o direito penal mínimo tem como objetivo geral minimizar a violência na sociedade, entendendo-se aqui a utilização da lei penal para proteger o mais fraco. Sobre este aspecto, Ferrajoli (2014) argumenta ainda que

> o objetivo do direito penal não é passível de ser reduzido à mera defesa social dos interesses constituídos contra a ameaça que os delitos representam. Este é, sim, a proteção do fraco contra o mais forte: do fraco ofendido ou ameaçado com o delito, como do fraco ofendido ou ameaçado pela vingança; contra o mais forte, que no delito é o réu e na vingança é o ofendido ou os sujeitos públicos ou privados que lhe são solidários. Precisamente – monopolizando a força, delimitando-lhe os pressupostos e as modalidades e precluindo-lhe o exercício arbitrário por parte dos sujeitos não autorizados – a proibição e a ameaça penal protegem os possíveis ofendidos contra os delitos, ao passo que o julgamento e a imposição da pena protegem, por mais paradoxal que pareça, os réus (e os inocentes suspeitos de sê-lo) contra as vinganças e outras reações mais severas (FERRAJOLI, 2014, p. 311).

Deste modo, em conformidade com os ensinamentos de Luigi Ferrajoli sobre o direito penal mínimo, pode-se dizer que, embora o direito penal seja um meio de repressão violento, ele é indispensável à manutenção harmônica da convivência social, pois também é um instrumento de garantia da liberdade individual. Neste sentido, Bechara (2008, p. 414) observa que "tal papel não deve ser considerado autonomamente, senão como parte final de uma cadeia de controle, ou *última ratio* para a manutenção dos valores sociais fundamentais".

E é neste contexto, da utilização do direito penal como a *última ratio* e como um direito penal mínimo que devemos discutir a criminalização da homofobia.

4.4. A Criminalização da homofobia sob a perspectiva do Direito Penal Mínimo

Ao tratar sobre o tema da criminalização da homofobia, deve-se considerar que a Constituição Federal Brasileira acolhe o paradigma garantista[99] e, a partir daí, sob o princípio da intervenção penal mínima, deverão ser adotados critérios de racionalidade na tipificação de novos crimes.

---

[99] Para Ferrajoli (2014, p. 785-86) um sistema será considerado altamente garantista se os princípios previstos nas Constituições forem amplamente respeitados. Neste sentido afirma ainda o autor: "Garantismo designa um *modelo normativo de direito:* precisamente, no que diz respeito ao direito penal, o modelo de "estrita legalidade", próprio do *Estado de direito,* que sob o plano epistemológico se caracteriza como um sistema cognitivo ou de poder mínimo, sob o plano político se caracteriza como uma técnica de tutela idônea a minimizar a violência e maximizar a liberdade e, sob o plano jurídico, como um sistema de vínculos impostos à função punitiva do Estado em garantia dos direitos dos cidadãos".

Para Ferrajoli (2014), a tipificação penal não é uma decisão simples do legislador, pois é preciso atender às condições estabelecidas constitucionalmente, vejamos:

> A estrutura do nosso ordenamento é, por conseguinte, aquela de um "Estado de direito" em sentido estrito, onde o exercício de qualquer poder – não apenas do Poder Judiciário e do Executivo e administrativo, mas também do Poder Legislativo – está subordinado aos vínculos de legalidade não só formais, mas também substanciais. O legislador penal não tem o poder de dispor ou predispor proibições, penais e juízos "quando" e "como" quiser, mas apenas na presença de condições estabelecidas como necessárias pelos princípios garantistas enunciados na Constituição (FERRAJOLI, 2014, p. 641-42, grifos do autor).

Entretanto, o que se percebe na atuação dos legisladores brasileiros, em determinadas situações, essas "condições estabelecidas na Constituição" referidas por Ferrajoli não são respeitadas, e leis são propostas e homologadas sem a preocupação devida em relação à proteção aos direitos e garantias fundamentais.

E nesse contexto, Lira (2013) refere que há uma tendência da expansão do Direito Penal a partir de uma justificação de combate aos riscos. Fenômenos típicos da modernidade como o "medo" e a "insegurança" realinharam o pensamento doutrinário básico do Direito Penal (fragmentariedade-subsidiariedade) e o colocaram na vanguarda da política criminal, sob uma pretensa legitimação de pacificação social pelo uso da norma penal como proteção aos bens jurídicos e à estabilização do sistema social.

Todavia, em respeito aos princípios constitucionais, por mais importante ou urgente que parece ser uma demanda para que o legislador atue por meio do direito penal é preciso que sejam levados em consideração os limites impostos pela legitimidade da normatividade penal e constitucional.

Conforme salienta Luisi (2003, p. 169), "a necessidade de conter os excessos criminalizadores dá origem ao entendimento de que o Direito Penal tem por objeto não à tutela de direitos subjetivos, mas a de bens jurídicos". E, ainda, para se criminalizar uma conduta deve-se fazer tendo como fonte principal os bens constitucionais.

Nota-se, assim, que o legislador penal, ao pretender criminalizar uma ação humana, deverá, primeiramente, verificar se essa conduta fere algum bem tutelado constitucionalmente e, segundo, se realmente a intervenção penal é necessária, ou seja, se não há outras sanções jurídicas adequadas para aquela tutela, levando-se em consideração, portanto, o princípio da *ultima ratio*.

Desse modo, sob o ponto de vista do direito penal mínimo e tutela de direitos fundamentais, questiona-se se é legítima, justificável e adequada constitucionalmente à diferenciação qualitativa dos crimes homofóbicos em relação aos demais crimes, ou seja, que a motivação homofóbica adjetive "condutas que implicam em danos concretos a bens jurídicos tangíveis, como a vida (*homicídio homofóbico*), a integridade física (*lesões corporais homofóbicas*) e a liberdade sexual (*violação sexual homofóbica*)" (CARVALHO, 2014, p. 266-67, grifos do autor).

Ao fazer estes questionamentos Carvalho (2014), está-se referindo ao pleito dos movimentos sociais LGBT pela criminalização da homofobia e o mecanismo utilizado para atingir esse objetivo, ou seja, em atenção às demandas da população LGBT para a criminalização da homofobia, em 2001, a Deputada Iara Bernardi (PT/SP) apresentou um projeto de lei complementar na Câmara dos Deputados. O Projeto de Lei nº 122/2006 previa como crime a discriminação por orientação sexual ou identidade de gênero alterando a norma incriminadora dos arts. 1º, 3º, 4º, 8º e 20 da Lei nº 7.716/89, bem como § 3º do art. 140 do Código Penal e foi aprovado em 2006 e já se cogitava a possibilidade do assunto ser pauta no projeto de reforma do Código Penal (PLS 236/2012[100]).[101]

Então o Projeto de Lei Complementar 122/2006 seguiu para o Senado Federal e lá ficou aguardando, por mais de uma década,[102] para ser votado até o início do ano de 2015, quando foi arquivado (SENADO FEDERAL, 2015a).

Em razão do arquivamento, no início de 2016, foi protocolada no Senado Federal uma sugestão popular (SUG 05/2016) para um novo projeto que equipara ao crime de racismo a discriminação por orientação sexual e identidade de gênero. O Senador Paulo Paim (PT-RS) foi designado como relator da sugestão e deverá apresentar um voto pela aceitação ou não da sugestão. Seu relatório será analisado pela Comissão de Direitos Humanos e Legislação Participativa (CDH), que irá decidir pela transformação da sugestão em projeto de lei (SENADO FEDERAL, 2016).

---

[100] Trâmite do PLS 236/2012, em andamento, disponível no link <http://www.senado.gov.br/atividade/materia/detalhes.asp?p_cod_mate=106404>. Acesso em: 29 mar. 2015.

[101] Conforme notícia no site do Senado Federal (2015b), a Senadora Marta Suplicy afirmou que procuraria inserir o assunto nos debates da reforma do Código Penal brasileiro.

[102] Por ter ficado aguardando a votação por mais de uma década, ou seja, por ter passado mais de duas legislaturas sem decisão o PLC 122/2016 foi arquivado. Trâmite do PLC 122/2006, já arquivado, disponível no link <http://www.senado.gov.br/atividade/materia/detalhes.asp?p_cod_mate=79604>. Acesso em: 29 de mar. de 2015.

Respondendo a seus próprios questionamentos, Carvalho (2014) entende ser legítima a demanda dos movimentos sociais LGBTs pela criminalização da homofobia, pois estes grupos "possuem a mesma legitimidade postulatória para efetivação de suas pautas políticas (positivas e negativas) que, por exemplo, o movimento de mulheres e o movimento negro". No entanto, para este autor, o problema está na estratégia utilizada pelo movimento LGBT:[103]

> O problema da criminalização da homofobia no Brasil reside na *estratégia* utilizada pelo movimento LGBTs. Não vejo problemas de legitimidade jurídica ou de incompatibilidade com o projeto político-criminal garantista se a forma de *nominação* (*nomen juris*) de o crime homofóbico ocorrer apenas através da *identificação* de determinadas condutas violentas já criminalizadas, isto é, a partir de um processo de *adjetivação* quanto à orientação sexual – por exemplo, especificação da violência homofóbica nas estruturas típicas do homicídio, da lesão corporal, do constrangimento ilegal, do estupro. A técnica legislativa poderia ser restrita à identificação desta forma de violência – sem qualquer ampliação de penas, objetivando exclusivamente dar visibilidade ao problema – através da remissão da sanção ao preceito secundário do tipo penal genérico – por exemplo, *caput* do art. 121 do Código Penal: "matar alguém: pena – reclusão, de 6 (seis) a 20 (vinte) anos"; inclusão de parágrafo intitulado *homicídio homofóbico*: "nas mesmas penas incorre quem praticar a conduta descrita no *caput* por motivo de discriminação ou preconceito de gênero, sexo, orientação sexual e identidade de gênero" (CARVALHO, 2014, p. 270, grifos do autor).

Salienta também Carvalho que, dentro de uma cultura punitivista, punir a homofobia poderia ter um "efeito interessante". Ao criminalizar tal tipo de conduta, é possível que as discriminações contra LGBT tenham seu manto de invisibilidade descoberto, de modo que sejam mais noticiadas e discutidas estas agressões, facilitando, inclusive, levantamento e mapeamento de dados, aprofundamento em pesquisas, medidas protetivas específicas etc. Destaca-se ainda que a aprovação do PLC-122 poderia ter "um impacto cultural positivo no sentido de desestabilizar a cultura homofóbica enraizada no tecido social" (CARVALHO, 2012, p. 208) em razão da visibilidade que a agressão homofóbica passaria a ter.

Todavia, pensando o direito como *ultima ratio* e pelo princípio da intervenção mínima do Estado, não se pode pretender a criminalização de uma conduta apenas por seu efeito simbólico. Relembrando a observação de Toledo (2002, p. 4) como já visto anteriormente no item 4, de que "possível que a grande maioria dos criminosos potenciais não deixe de levar a cabo os seus intentos ilícitos ou de

---

[103] Para fins desse estudo, ao se referir sobre a estratégia utilizada para reivindicar a criminalização da homofobia, entende-se a proposta feita no PL 122/06.

dar vasão a seus impulsos, diante da simples previsão legal da pena". Assim, no que se refere às condutas homofóbicas, é provável que as pessoas não deixem de ser preconceituosas, não deixem de expor sua discriminação pelo fato de haver uma tipificação dessa(s) conduta(s) como ilícita(s).

É especificamente o crime violento praticado contra LGBT, motivado pelo preconceito em relação à orientação sexual e identidade de gênero, que dá argumentos aos movimentos sociais LGBT reivindicar pela criminalização da homofobia. De tal modo, a melhor técnica de elaboração legislativa pode(ria) ser limitada à identificação desta forma de violência, e não a criação de um tipo específico e uma agravação da pena nessas circunstâncias.

Porém, ainda que se entenda ser legítima a utilização do direito penal como instrumento de proteção contra a violência sofrida por vítimas LGBT, não podemos ignorar que essa intervenção não será o suficiente. Ao contrário, outras formas de atuação do Estado serão necessárias. Neste sentido, Bechara (2008) afirma que

> o Direito Penal é um instrumento insuficiente para a proteção plena e eficaz da ordem social. Essa constatação, porém, não é nova. Sempre foi assim. A intervenção penal sempre necessitou ser complementada pela intervenção de outros setores do ordenamento jurídico. Na verdade, tem-se justamente o inverso, os outros ramos de controle social, sejam eles formais ou informais, é que deve ser complementados pela intervenção do Direito Penal, nos casos em que, por si, não lograrem a tutela e o controle dos valores fundamentais à manutenção da convivência social e pacífica e ao desenvolvimento individual de cada um de seus membros (BECHARA, 2008, p. 432).

Desse modo, sob a perspectiva de um direito penal mínimo, somente seria necessária a criminalização de uma conduta que colocasse em risco a proteção de determinado bem jurídico (em especial, neste contexto, a conduta homofóbica colocando em risco a vida, a integridade física e a liberdade sexual da vítima LGBT). Contudo, havendo outras formas de sanções ou outros meios de controle social suficientes para a tutela desse bem, a sua criminalização pode ser inadequada e desnecessária.

Nesse sentido, alude Luisi (2003, p. 175),

> [...] necessária se faz a intervenção penal por insuficientes às outras sanções que a ordem jurídica dispõe para uma adequada tutela. O critério básico, portanto, desse processo de escolha, há de guiar-se pelo princípio da *última ratio* que, partindo da relevância do bem e da gravidade da lesão ao mesmo, faz com que se torne necessária a intervenção penal.

Deve-se ponderar que a reivindicação da população LGBT pela criminalização da homofobia é baseada no aumento da violência a partir de dados não oficiais, pois são coletados por uma ONG que é militante nos próprios direitos, e a metodologia utilizada para a elaboração do banco de dados com números sobre a violência contra gays, lésbicas, bissexuais, transexuais e travestis no Brasil é a própria mídia.

Contudo, foi verificado que a mídia se utiliza de estratégias de divulgação dos fatos no sentido de aumentar a sensação de medo, ou seja, a recepção, percepção e reprodução de informações que interferem nos sentimentos de insegurança e que são projetados pelas pessoas a partir da divulgação de tantos perigos, ameaças, o crescente aumento da violência e a ausência de proteção. E esses sentimentos/sensações fazem gerar um reclame social por mais direito penal e que, sendo atendido, é produzido a partir de um conhecimento não criminológico e científico, mas sim de um censo comum.

Por fim, considerando que já há previsão de lei penal protegendo bens jurídicos como a vida, a integridade corporal, a segurança, a liberdade etc., a defesa da criminalização da homofobia, dentro dos moldes propostos até o momento pelos movimentos sociais LGBT, legitima o discurso de uma maior intervenção do Estado penal, através de uma ampliação legislativa e aumento de penas, confrontando, portanto, com os fundamentos do Estado de Direito e do Direito Penal Mínimo, pautados no princípio da intervenção penal mínima do Estado e no respeito às garantias constitucionais e processuais penais.

5. Considerações finais

Esta obra teve por escopo analisar se a criminalização da conduta dos autores de crime de homicídio contra pessoas que são lésbicas, gays, bissexuais, transexuais ou travestis é a estratégia adequada para a proteção contra a violência em razão do preconceito de caráter sexual.

Há mais de quatro décadas que a comunidade LGBT – no começo com a presença maior de homossexuais –, iniciou seus primeiros movimentos no Brasil como forma de chamar a atenção da opinião pública, de expor o preconceito, a discriminação e a violência que sofriam e ainda sofrem em razão da sua sexualidade e, principalmente, de chamar a atenção para a necessidade de serem reconhecidos e terem direitos iguais a todos os demais cidadãos.

Nesse contexto, verificou-se e abordou-se que a população LGBT já alcançou vários direitos, mas ainda há outros a serem reconhecidos. Nos últimos anos, tem-se mantido na pauta de reivindicações dos movimentos sociais LGBT no Brasil o pedido da criminalização da homofobia. E como argumentos para essa exigência, são utilizados os números estatísticos sobre a violência praticada contra lésbicas, gays, bissexuais, travestis e transexuais, em razão de sua orientação sexual ou identidade de gênero. Esses dados são coletados, analisados e divulgados pelo Grupo Gay da Bahia (GGB) através de relatórios anuais.

Todavia, trata-se de dados não oficiais, pois fazem parte da base de dados que a ONG mantém a partir daquilo que é divulgado na mídia sobre casos de homicídios de LGBT.

Para isso, buscou-se, inicialmente, o levantamento de dados oficiais sobre o número de mortes de LGBT na cidade de Porto Alegre para confrontá-lo com os números indicados nos relatórios do GGB, bem como para compreender de que forma esses casos são investigados pela polícia judiciária. Posteriormente, através de uma revisão bibliográfica, procurou-se compreender como foi o início dos movimentos homossexuais/LGBT no Brasil, quais foram suas influências e suas demandas iniciais, o que já conquistaram e o que ainda almejam. Sob a perspectiva da cultura do medo observou-se a forma como os dados sobre a violência contra a população LGBT são manipulados pela mídia, de modo a aumentar a sensação do medo e da insegurança, além da expectativa pela promulgação de uma lei que criminalize a homofobia. Pela ótica do direito penal mínimo, analisou-se a ampliação da intervenção penal e a motivação para a criminalização da homofobia.

O levantamento de dados empíricos foi dividido em dois momentos. O primeiro visou à coleta de dados em relação aos inquéritos policiais instaurados para apurar os crimes de homicídios consumados que foram atendidos pela 2ª Delegacia de Polícia de Homicídios e Proteção às Pessoas da cidade de Porto Alegre entre os anos de 2013 e 2015 e a identificação, entre este total, quantos são os procedimentos com vítimas com orientação sexual ou identidade de gênero LGBT. O segundo momento pautou-se na realização de entrevista com os policiais civis que trabalharam nos casos apurados.

Contextualizando a escolha da área geográfica de pesquisa deste estudo, tem-se que no final do ano de 2012 houve a criação da Divisão de Homicídios e de Proteção à Pessoa em Porto Alegre e com ela as primeiras delegacias especializadas em investigação de crime de homicídio da Capital. Em razão disso, o recorte metodológico temporal utilizado para a pesquisa ocorre a partir do ano de 2013. Considerando o elevado número de casos de homicídios ocorridos no período selecionado, optou-se por realizar o levantamento de dados em apenas uma das seis delegacias de polícia especializadas na investigação deste tipo de crime na capital do estado do Rio Grande do Sul.

Elegeu-se, então, para a realização da pesquisa empírica, a 2ª Delegacia de Polícia de Homicídios e de Proteção à Pessoa por pertencerem à sua área de abrangência os locais onde ocorreram os casos de homicídios de pessoas LGBT, ocorridos na cidade de Porto Alegre e apontados nos dados estatísticos coletados e divulgados pelo Grupo Gay da Bahia.

A pesquisa empírica, realizada na 2ª Delegacia de Polícia de Homicídios e de Proteção à Pessoa de Porto Alegre, foi importante, pois proporcionou ter acesso a dados oficiais sobre as mortes de LGBT ocorridas na Capital gaúcha e compará-los aos não oficiais.

Na primeira fase da pesquisa, foram analisados todos os inquéritos policiais instaurados naquele órgão policial, entre os anos de 2013 e 2015, para apurar os crimes de homicídios consumados, totalizando 177 (cento e setenta e sete) casos. E desse total, verificou-se que em apenas um percentual de 5% dos casos, ou seja, oito vítimas eram pessoas LGBT.

Ao comparar os dados oficiais coletados nos inquéritos policiais com os números não oficiais divulgados nos relatórios do GGB, verificou-se que os primeiros são superiores em um caso a mais em cada um dos períodos, na cidade de Porto Alegre. O GGB identificou que nos anos de 2013, 2014 e 2015 ocorreram, respectivamente, dois, um e dois homicídios de LGBT na capital gaúcha, enquanto pela pesquisa empírica apurou-se que, na 2ª Delegacia de Polícia de Homicídios e de Proteção à Pessoa haviam sido instaurados, no mesmo período, respectivamente, três, dois e três inquéritos para apurar a morte violenta de pessoas LGBT.

Dessa maneira, não se verificou, ao menos na cidade de Porto Alegre, um aumento do número de homicídios de gays, lésbicas, bissexuais, transexuais e travestis no marco temporal que foi realizada a pesquisa. Diferente do que se apurou, com base nos dados divulgados pela Secretaria de Segurança Pública do Estado do Rio Grande do Sul, em relação aos números gerais de homicídios no mesmo período, pois foi possível observar um aumento gradual de casos, tanto em nível de estado, que em três anos aumentou de 1.914 (no ano de 2013) para 2.405 (no ano de 2015), quanto em nível da cidade de Porto Alegre, com um aumento de 459 para 584 em igual período. Este resultado revela que, embora tenha sido verificado um número maior de homicídios de LGBT ocorridos na capital gaúcha em relação aos números divulgados pelo GGB (os dados oficiais demonstraram ter ocorrido um caso a mais em cada ano analisado), não se avistou um aumento de mortes de LGBT no período pesquisado, mas uma constância nos números, mantendo-se entre três e dois casos por ano.

Entretanto, no que se refere à motivação, a pesquisa apontou que nos oito casos identificados com vítimas pessoas da comunidade LGBT, em nenhum deles a motivação apurada nas investigações policiais foi em razão do preconceito e discriminação pela sexualidade da vítima.

Na análise dos autos dos inquéritos, verificou-se que as investigações indicaram que as motivações daqueles oito casos foram: a) em três, foi a disputa por ponto de prostituição ou o não pagamento de "pedágio" para se prostituir no local que era "comandado" por outra pessoa, b) em dois apurou-se que se tratava de motivos passionais, as vítimas conheciam e tinham uma relação afetiva com os(as) autores(as) do delito, c) um foi por desacordo comercial, pois a vítima se negou a pagar ao final do programa sexual, d) um para roubar a vítima (no decorrer das investigações apurou-se que a motivação era roubar a vítima e, portanto, se alterou a tipificação de homicídio para roubo seguido de morte), e) um dos casos as investigações ainda estava em andamento e aguardando o resultado de perícias que apontassem a causa da morte, uma vez que a vítima havia sido encontrada morta dentro de seu apartamento.

Deste modo, a hipótese lançada e afirmada ainda no projeto de pesquisa – "a orientação sexual é motivo/causa para vitimização nos casos de homicídios" – não se confirmou frente aos dados empíricos coletados e avaliados. Pelo contrário, em nenhum deles, como referido, a motivação apurada foi em razão do preconceito e discriminação pela sexualidade da vítima.

Na segunda fase da pesquisa empírica, com o objetivo de verificar de que forma a polícia judiciária está atuando nos casos de homicídios de lésbicas, gays, bissexuais, transexuais e travestis, foi realizada entrevista com policiais civis que trabalharam nas investigações dos oito inquéritos policiais analisados na primeira parte da pesquisa. Foram entrevistados seis policiais civis (cinco homens e uma mulher). Todas as entrevistas foram realizadas no próprio ambiente de trabalho e horário de expediente do entrevistado. Ainda, todos foram entrevistados de forma pessoal e individual após a assinatura do Termo de Consentimento Livre e Esclarecido.

Em análise às respostas dadas pelos policiais civis aos questionamentos realizados durante a entrevista, pode-se verificar que àqueles policiais a investigação de um homicídio de uma lésbica, de um gay, de um bissexual, de um transexual ou de uma travesti é igual aos demais. Porém, afirmaram ser relevante para a investigação a informação sobre qual a orientação sexual ou identidade de gênero da vítima para indicar algumas linhas de investigação, pois, como se observou nos inquéritos e nas entrevistas, a motivação para esses homicídios, normalmente são relacionadas a questões de ponto de prostituição (disputa ou pagamento de "pedágio") ou, ainda, passional e dessa forma relevante saber quais as pessoas que conviviam com a vítima e qual a sua relação com ela.

Assim, verificou-se que os policiais entrevistados consideram relevante para a investigação policial a informação sobre a identidade de gênero ou orientação da vítima, não por considerar que os homicídios de LGBT tenham, necessariamente, motivação homofóbica, mas por entender que esse dado pode orientar sobre quais as linhas de investigações a serem seguidas na busca da identificação da autoria e o motivo para o crime, ou seja, qual o dolo do autor ao praticar o ilícito.

Entretanto, embora afirmarem ser importante saber qual a orientação sexual ou identidade de gênero da vítima, os policiais não souberam afirmar com certeza que há nos formulários utilizados pela Polícia Civil do Rio Grande do Sul campos específicos para serem preenchidos com essa informação. Percebeu-se, ainda, que não há uma preocupação, por parte dos entrevistados, para que realmente existam esses campos. E, mesmo aqueles que disseram já existir em alguns documentos (como demonstrado na Figura 1), referiram que não há o hábito de preenchimento dos mesmos. Para os policiais entrevistados o que importa para a investigação é a informação, independentemente da forma e onde ela apareça.

De fato, durante a análise dos inquéritos policiais, a obtenção da informação sobre a orientação sexual ou identidade das vítimas só foi possível pelo manuseio dos autos, pois em alguns casos estavam informadas no histórico da ocorrência policial, outros nos relatórios do local de crime ou, ainda, nos depoimentos de testemunhas e familiares da vítima.

Desse modo, quanto a outra hipótese lançada, de que "não existem dados oficiais compilados que possam ser avaliados para se estabelecer uma política criminal adequada ao mesmo tempo em que não há percepção dos órgãos investigativos quanto à motivação e causa dos homicídios envolvendo vítimas com orientação sexual e identidade de gênero LGBT", apurou-se que os dados existem, porém não catalogados ou de pronta análise, necessitando, assim, uma orientação aos órgãos públicos de polícia judiciária, no sentido de que possam não só catalogar e melhorar seus sistemas e formas de acompanhamento dos casos envolvendo vítimas de homicídio LGBT, podendo tal circunstância também ser estendida a outros delitos, inclusive de menor potencial ofensivo.

Ter dados oficiais referentes à violência abrangendo pessoas com orientação sexual e identidade de gênero LGBT é importante para que se possa mapear e acompanhar com o objetivo de encontrar soluções de combate a esse tipo de violência.

Realizada a pesquisa empírica, buscou-se, por meio de uma revisão bibliográfica, compreender como foi o início dos movimentos sociais, o que foram os velhos e quais são os novos. E dentro desse contexto, realizou-se a abordagem dos movimentos homossexuais como novos movimentos sociais que, a partir da década de 1970, surgiram com uma proposta de um novo paradigma, com a intenção de buscar o seu reconhecimento e de novas formas de direito.

A fim de compreender sobre a historicidade desse movimento e quais foram suas primeiras manifestações, foi abordado sobre a Revolta de *Stonewall*, ocorrida em Nova Iorque no ano de 1969 e, por ser considerado como o marco do movimento homossexual internacional, qual a sua influência para o surgimento dos movimentos sociais em defesa dos homossexuais, em especial, no Brasil. No cenário brasileiro, verificou-se que, no início, eram pequenos grupos de pessoas que se reuniam para discutir e refletir sobre as questões relacionadas à homossexualidade, como foi o caso dos fundadores do Jornal Lampião da Esquina e do grupo Somos e, depois, vários outros grupos se formaram, surgindo novos movimentos e ganhando grandes proporções, seja pela notoriedade, seja pelos participantes, como aconteceu com o movimento denominado de "Parada do Orgulho Gay", que a cada nova edição bate recordes de públicos e, por meio de seus temas, chama atenção para suas demandas por um novo direito a ser conquistado ou reconhecido.

Desse modo, foi possível analisar a primeira hipótese de pesquisa lançada inicialmente de que – "os movimentos sociais LGBT se fortaleceram perante a sociedade no decorrer dos anos e suas reivindicações ganha(ra)m repercussão na mídia contribuindo para que ocorram mudanças sociais" –, observando-se que restou totalmente confirmada, pois que vários direitos sociais já foram conquistados através dos novos movimentos sociais homossexuais, conforme apontado no item *3.4.1*.

No entanto, responder a pergunta-problema, "se há a partir dos movimentos sociais LGBT e da repercussão na mídia e redes sociais, a necessidade de contingenciamento jurídico-penal visando estabelecer maior punição aos autores de delitos contra a vida de lésbicas, gays, bissexuais, travestis e transexuais?", sempre foi a principal intenção desta pesquisa. E para isso, foi desenvolvida no último capítulo uma abordagem teórica sobre a criminalização da homofobia, a cultura do medo e mídia e o expansionismo penal sob a perspectiva do Direito Penal Mínimo.

Verificou-se que, constantemente, reclames sociais como o dos movimentos sociais LGBT são recepcionados pelo Estado, que, a despeito de promoção de políticas públicas, declina ao Direito

Penal a tarefa de satisfazer valores coletivos, criando-se, assim, crimes e penas.

Todavia, ponderou-se que não basta o reclame social para promover a alteração do Direito Penal, de modo que não será qualquer conduta considerada ilícita, pois devem ser respeitados os princípios constitucionais penais como o da legalidade ou da reserva legal (*nullum crimen, nulla pena sine previa lege*) que afirma não haver crime, nem pena sem lei anterior que o defina. E para que uma lei venha a ser criada para tipificar uma conduta, exige-se que ela seja clara, certa e precisa (princípio da taxatividade) para que possibilite a compreensão de todos.

E essa é uma das questões debatidas sempre que se discute sobre a criminalização da homofobia: como definir quais ações selecionar (caráter seletivo do direito penal) para serem considerados fatos típicos, quais as condutas serão consideradas atos de discriminação em razão da orientação sexual e identidade de gênero para o direito penal? Pois a palavra *homofobia* compreende uma diversidade de condutas e não as especificando e/ou as discriminando no tipo penal poderá ensejar em uma lei penal em branco, sem eficácia. Ou até mais grave: violadora de direitos e garantias fundamentais.

Considerando que o Direito Penal deva ser a *ultima ratio*, em regra, a função do legislador de tipificar ou não uma conduta, deve passar pelo crivo social, moral, político e normativo. No que se refere à criminalização da homofobia, verificou-se que a seletividade tem um fator social e midiático muito intenso e com uma forte tendência em influenciar o contexto político e social.

Demonstrou-se, através de exemplos de notícias veiculadas na mídia, como a temática da violência em razão da identidade de gênero e/ou da orientação sexual é evidenciada nos meios de comunicação, e como esse cenário faz aumentar, produzir mais medo.

Pode ser observado, ainda, que os resultados estatísticos dos relatórios do GGB são sempre apresentados nas mídias, com grande destaque para (a) a forma brutal como as mortes de lésbicas, gays, bissexuais, transexuais e travestis acontecem e para (b) o aumento dos índices desse tipo de crime no Brasil, resultados que têm colocado o país como um dos líderes do ranking de países com elevado índice de crimes homofóbicos e, dessa maneira, faz aumentar a sensação do medo, ou seja, a recepção, percepção e reprodução de informações que interferem nos sentimentos de insegurança e que são projetados pelas pessoas a partir da divulgação de tantos perigos, ameaças, o crescente aumento da violência e a ausência de proteção.

Verificou-se, assim, que os movimentos sociais LGBT, através da repercussão de fatos graves envolvendo vítimas com orientação sexual e identidade de gênero LGBT, com utilização da mídia, pretende contingenciar esse risco (como mecanismo de solução) através da produção de mais direito penal, ou seja, com estabelecimento de maior punição aos autores de crimes em que são vítimas as pessoas citadas.

Porém, observou-se que a reivindicação dos movimentos sociais de LGBT não tem no processo criminalizador a solução mais adequada, especialmente se confrontada com a concepção minimalista do direito penal. No contexto sociocultural contemporâneo, em que vige a sensação de insegurança e a produção do medo que a gera, é fundamental que se discutam medidas alternativas adequadas que não necessariamente a geração de novos tipos penais ou o incremento dos já existentes.

Reconhece-se a legitimidade da comunidade LGBT em cobrar pelo reconhecimento e novos direitos. No entanto, é preciso ter o cuidado de não transformar o entusiasmo pela tomada de uma decisão em busca da sensação de segurança, de proteção. Pois a escolha não depende apenas de vontades e é fundamental que se (re)conheçam realidades.

Enfim, a realização da presente pesquisa, em nível de pós-graduação *stricto sensu*, permitiu, a partir da escolha metodológica empírica, perceber o quanto os movimentos sociais são importantes para a mudança da cultura, inclusive a jurídica e a legislativa, bem como há processo de influência no campo jurídico pelas transformações sociais e concepções conceituais e atitudinais (e vice-versa). Ainda, como esses movimentos procuram utilizar os instrumentos de convencimento do legislativo, visando a alterar e, no caso da homofobia, incrementar o direito penal. Por outro lado, percebeu-se que a base de dados utilizada pelos mesmos não é oficial e correta sob o ponto de vista técnico-jurídico.

Por meio do levantamento empírico, detalhado no primeiro capítulo, buscou-se aproximar a reflexão dogmática penal da práxis institucional, de modo a esclarecer que o caminho adequado não é, coerentemente, o da ampliação penal.

Contudo, não se pretende encerrar o assunto, deveras complexo, mas, sim, lançar bases para o aproveitamento do tema em novas apostas de reflexão.

Referências

ABGLT – Associação Brasileira Lésbicas, Gays, Bissexuais, Travestis e Transexuais. *Eleições 2016:* Resultados das candidaturas de LGBT e aliados/as. 10/10/2016, 10h27min. Disponível em: <http://www.abglt.org.br/port/basecoluna.php?cod=361>. Acesso em: 23 out. 2016.

AGÊNCIA MINAS GERAIS. *Cidadãos já podem declarar orientação sexual, nome social e identidade de gênero em registros de crimes.* 06/01/2016, 16h05min, atualizado em 01/07/2016, 00h29min. Disponível em: <http://www.agenciaminas.mg.gov.br/noticia/cidadaos-ja-podem-declarar-orientacao-sexual-nome-social-e-identidade-de-genero-em-registros-de-crimes>. Acesso em: 24 jul. 2016.

ALEXANDER, Jeffrey C.. *Ação coletiva, cultura e sociedade civil.* Secularização, atualização, inversão, revisão e desdobramento do modelo clássico dos movimentos sociais. RBCS, vol. 13, n°. 37, 1998.

ALONSO, Angela. *As teorias dos movimentos sociais*: um balanço do debate. São Paulo, Lua Nova, 76: 49-86, 2009.

ARAÚJO, Ana Claudia Condeixa. Ruas e bancas coloridas: os discursos da imprensa sobre as identidades homossexuais nas Paradas LGBT do Rio de Janeiro e de São Paulo. *Revista ComUnigranrio*, v. 01, p. 01-19, 2009.

ASSOCIAÇÃO DOS DELEGADOS DE POLÍCIA DO RIO DE JANEIRO. *Portaria PCERJ N° 574 de 08 de fevereiro de 2012.* Disponível em: <http://www.adepolrj.com.br/portal2/Noticias.asp?id=11281>. Acesso em: 24 jul. 2016.

AVELAR, Idelber. *As origens da expressão politicamente correto.* 04/04/2011. Disponível em: <http://www.revistaforum.com.br/idelberavelar/2011/04/04/as-origens-da-expressao-politicamente-correto/>. Acesso em: 07 out. 2016.

BARROS, Ana Cláudia. *Para a especialista, aumento de discussões sobre temas LGBT explicaria reações violentas.* 16/03/2015, 15h58min. Disponível em:<http://noticias.r7.com/cidades/homofobia-motivou-um-assassinato-a-cada-27-horas-em-2014-no-brasil-16032015>. Acesso em: 29 dez. 2016.

BATISTA, Nilo. *Introdução crítica ao direito penal brasileiro.* 12. ed. Revista e atualizada. Rio de Janeiro: Revan, 2011.

BAUMAN, Zigmunt. *Medo líquido.* Tradução de Carlos Alberto Medeiros. Rio de Janeiro: Zahar. 2008.

BECHARA, Ana Elisa Liberatore Silva. Discurso de emergência e política criminal: o futuro do direito penal brasileiro. *Revista da Faculdade de Direito*, Universidade de São Paulo, v. 103, p. 411-436, 2008.

BECKER, Howard S. *Outsiders:* estudos de sociologia do desvio. Tradução de Maria Luiza X. de Borges. Rio de Janeiro: Jorge Zahar, 2008.

BECK, Ulrich. *Sociedade do Risco*: rumo a uma outra modernidade. São Paulo: Editora 34, 2011.

BELEBONI, Viviany. O que me levou a decidir pela cruz na Parada Gay. *UOL Notícias*, 19/06/15, 18h55min. Disponível em: <http://noticias.uol.com.br/saude/ultimas-noticias /redacao/2015/06/19/artigo-o-que-me-levou-a-decidir-pela-cruz-na-paradagay. Htm>. Acesso em: 11 jul. 2015.

BENTO, Berenice. *O que é transexualidade*. São Paulo: Brasiliense, 2008.

BENVENUTI. Patrícia. *Parada do Orgulho LGBT*: Para o armário, nunca mais. Brasil de Fato, 06/06/2013. Disponível em:<http://www.brasildefato.com.br/node/13120>. Acesso em: 09 jul. 2015.

BITENCOURT, Cezar Roberto. *Tratado de Direito Penal*: parte geral 1. 19 ed. rev., ampl. e atualizada. São Paulo: Saraiva: 2013.

BORILLO, Daniel. *Homofobia:* História e crítica de um preconceito. Tradução Guilherme João de Freitas Teixeira. Belo Horizonte: Autêntica, 2015.

BRASIL. Código Processo Penal. *Portal da Legislação*. Disponível em: <http://www.planalto.gov.br/ccivil_03/decreto-lei/Del3689.htm>. Acesso em: 17 jan. 2017.

——. CONSELHO NACIONAL DE JUSTIÇA. *Resolução nº 175, de 14 de maio de 2013*. Dispõe sobre a habilitação, celebração de casamento civil, ou de conversão de união estável em casamento, entre pessoas de mesmo sexo. Disponível em: <http:// www.cnj.jus.br/files/atos_administrativos/resoluo-n175-14-05-2013-presidncia.pdf>. Acesso em: 10 ago. 2015.

——. CONSELHO NACIONAL DE SAÚDE. *Resolução CNS 466 de dezembro de 2012*. Disponível em: <http://conselho.saude.gov.br/resolucoes/2012/Reso466.pdf>. Acesso em: 16 jan. 2016.

——. MINISTÉRIO DA SAÚDE. *Portaria nº 457, de 19 de agosto 2008*. Disponível em: <http://bvsms.saude.gov.br/bvs/saudelegis/sas/2008/prt0457_19_08_2008.html>. Acesso em: 14 ago. 2016.

——. MINISTÉRIO DA SAÚDE. *Portaria nº 2803, de 19 de novembro 2013*. Disponível em: <http://bvsms.saude.gov.br/bvs/saudelegis/gm/2013/prt2803_19_11_2013.html>. Acesso em: 14 ago. 2016.

——. PROCURADORIA-GERAL DA FAZENDA NACIONAL. *Parecer nº 1503/2010*. Disponível em: <http://www.pgfn.fazenda.gov.br/noticias/pgfn-divulga-parecer-favoravel-a-inclusao-de-dependente-homoafetivo-para-efeitos-fiscais?searchterm=homoss>. Acesso em: 14 ago. 2016.

——. Relatório Sobre Violência Homofóbica no Brasil*: Ano de 2013. Secretaria de Direitos Humanos da Presidência da Repúblcia*. Brasilia, 2016. Disponível em: <http://www.sdh.gov.br/assuntos/lgbt/dados-estatisticos/Relatorio2013.pdf>. Acesso em: 18set. 2016.

——. SENADO FEDERAL. *Decreto nº 3665*. 2000. Disponível em: <http://www.planalto.gov.br/ccivil_03/decreto/d3665.htm>. Acesso em: 29 mar. 2017.

——. SENADO FEDERAL. *Trâmite do PLC nº 122/2006*, já arquivado. 2006. Disponível em: <http://www.senado.gov.br/atividade/materia/detalhes.asp?p_cod_mate= 79604>. Acesso em: 29 mar. 2015a.

——. SENADO FEDERAL. *Trâmite do PLS nº 236/2012*, em andamento. Disponível em: <http://www.senado.gov.br/atividade/materia/detalhes.asp?p_cod_mate=106404>. Acesso em: 29 mar. 2015b.

——. SENADO FEDERAL. *Projeto que criminaliza homofobia será arquivado*. 07/05/2015, às 19h07. Disponível em: <http://www12.senado.leg.br/noticias/materias/2015/ 01/07/projeto-que-criminaliza-homofobia-sera-arquivado>. Acesso em: 9 de jan. 2016.

——. SENADO FEDERAL. *Senado pode voltar a examinar proposta que torna crime a homofobia*. 2016. Disponível em: <http://www12.senado.leg.br/noticias/materias/2016/09/29/senado-pode-voltar-a-examinar-proposta-que-torna-crime-a-homofobia>. Acesso em: 15 dez. 2016.

——. SUPREMO TRIBUNAL FEDERAL. *Ação Direta de Inconstitucionalidade 4.277 Distrito Federal*. Brasília, 2011. Disponível em: <http://redir.stf.jus.br/paginadorpub/ paginador.jsp?docTP=AC&docID=628635>. Acesso em: 14 ago. 2016.

BUTLER, Judith. Como os corpos se tornam matéria: entrevista com Judith Butler. *Revista Estudos Feministas*. Vol. 10. n. 1 Florianópolis, Janeiro de 2002.

——. *Problemas de gênero:* Feminismo e subversão de identidade. Rio de Janeiro: Civilização Brasileira, 2003.

——. Corpos que pensam: sobre os limites discursivos do "sexo". In: LOURO, Guacira (org). *O corpo educado*: pedagogias da sexualidade. Belo Horizonte: Autêntica, 2010.

CÂMARA DE VEREADORES DE CRUZ ALTA. *Vereador Everlei Martins.* Legislatura: 2013/2016. Disponível em: <http://www.camaracruzalta.rs.gov.br/ vereadores/vis/?v=138>. Acesso em: 23 out. 2016.

CÂMARA DOS DEPUTADOS. Legislação Informatizada – Dados da Norma. *Lei nº 12.783*, de 11 de janeiro de 2013. Disponível em: <http://www2.camara.leg.br/legin/fed/lei/2013/lei-12783-11-janeiro-2013-775059-norma-pl.html>. Acesso em: 14 ago. 2015.

CARVALHO, Salo de. Sobre as possibilidades de uma criminologia queer. In: *Sistema de Penal & Violência*, v. 4, n. 2, p. 152-168, 2012.

——. Sobre a criminologia da homofobia: perspectivas desde a criminologia *queer*. In: Fernanda Luiza Fontoura Medeiros, Germano André Doederlein Schwartz. (Org.). *O direito da sociedade*. Canoas: Unilasalle, v. 1, p. 257-281, 2014.

——. *Como (não) se faz um trabalho de conclusão*: provocações úteis para orientadores e estudantes de Direito. 3 ed. São Paulo: Saraiva, 2015.

CATRACA LIVRE. *318 LGBTs foram mortos em 2015 no Brasil e você é responsável por isso*. Disponível em: <https://catracalivre.com.br/geral/cidadania/indicacao/318-lgbts-foram-mortos-em-2015-no-brasil-e-voce-tambem-e-responsavel-por-isso/>. Acesso em: 21 dez. 2016.

COSTA, Jurandir Freire. *A Face e o verso*: estudos sobre o homoerotismo. 2. ed. São Paulo: Escuta, 1995.

COSTA, Leonor. *Na luta contra a invisibilidade, PSOL tem as duas únicas candidatas trans para prefeituras.* 2016. Disponível em: <http://www.psol50.org.br/blog/2016/09/02/na-luta-contra-a-invisibilidade-psol-tem-as-duas-unicas-candidatas-trans-para-prefeituras/>. Acesso em: 23 out. 2016.

COSTA, Mariana Timóteo da. *Com avanço dos direitos, violência contra gays não cai*: Dos cinco estados mais violentos, quatro reconhecem casamento homoafetivo. 10/05/2013, 20h49min. Disponível em: <http://oglobo.globo.com/brasil/com-avanco-dos-direitos-violencia-contra-gays-nao-cai-8358921>. Acesso em: 29dez. 2016.

COSTA, Renata Almeida. Cultura do medo e espaço urbano: um olhar reflexivo sobre a sensação social de insegurança. In: Albert Noguera Fernández; Germano Schwartz. (Org.). *Cutura e identidade em tempo de transformações*: reflexões a partir da teoria do Direito e da Sociologia. 1ed. Curitiba: Juruá, v. 1, p. 219-239, 2011.

——. Policon texturalidade, risco e direito: abismos superáveis para o delineamento da criminalidade contemporânea. In: MEDEIROS, Fernanda Luiza Fontoura de. SCHWARTZ, Germano André Doederlein (org.). *O Direito da Sociedade*. Anuário, vol. 1. Canoas: Unilasalle, 2014, p. 229-255.

CRAVEIRO, Pedro. *Crucificação na Parada Gay é alvo de polêmica com religiosos*. Folha de São Paulo, 09/06/2015. Disponível em: <http://www1.folha.uol.com.br/cotidiano/2015/06/1639631-atriz-que-encenou-crucificacao-na-parada-gay-recebe-ameacas.shtml>. Acesso em: 11 jul. 2015.

DICIONÁRIO ONLINE. *Significado de Empowerment*. Disponível em: <http://www.meusdicionarios.com.br/empowerment>. Acesso em: 23 out. 2016.

FACCHINI, Regina. Movimento homossexual no Brasil: recompondo um histórico. *Cadernos Arquivo Edgard Leuenroth* (UNICAMP), Campinas, v. 10, n. 18/19, p. 79-123, 2003.

——. *Sopa de letrinhas?* O movimento homossexual e a produção de identidades coletivas nos anos de 1990. Rio de Janeiro, Garamond, 2005.

——. *Histórico da luta de LGBT no Brasil*. 2011. Disponível em: <http://www.crpsp.org.br/portal/comunicacao/cadernos_tematicos/11/frames/fr_historico.aspx>. Acesso em: 19 jan. 2016.

FERRAJOLI, Luigi. El populismo penal em la Sociedad del Miedo. In: ZAFFARONI, E. Raul; FERRAJOLI, Luigi; TORRES, Sergio G.; BASILICO, Ricardo A. *La emergência del miedo.* 1. ed. Buenos Aires: Ediar, p. 57-76, 2012.

──. *Direito e Razão:* teoria do garantismo penal. 4 ed. Rev. São Paulo: Revista dos Tribunais, 2014.

FERREIRA, Fernanda Busanello. *O grito!* Dramaturgia e função dos movimentos sociais de protesto. Rio de Janeiro: Lumen Juris, 2015.

FLICK, Uwe. *Uma introdução à Pesquisa Qualitativa.* Trad. Sandra Netz. 2. ed. Porto Alegre: Bookman, 2004.

FOGLIATTO, Débora. *Luta pelos direitos LGBTs ganha visibilidade nas eleições de Porto Alegre.* 25/08/2016, 07h47min. Disponível em: <http://www.sul21.com.br/jornal/luta-pelos-direitos-lgbts-ganha-visibilidade-nas-eleicoes-de-porto-alegre/>. Acesso em: 23 out. 2016.

FRY, Peter; MACRAE, Edward. *O que é homossexualidade.* Abril Cultural Editora Brasiliense, 1985.

GGB – Quem a homotransfobia matou hoje? *Biblioteca.* G.G.B. – 37 ANOS – Banco de dados 2017. Disponível em: <https://homofobiamata.wordpress.com/estatisticas/relatorios/>. Acesso em: 23 out. 2016.

GARCIA, Rogério Maia. A sociedade do risco e a (in) eficiência do direito penal na era da globalização. *Revista de estudos criminais.* Porto Alegre, a. V, n. 17, p. 77-104, 2005.

GIDDENS, Anthony. *As consequências da modernidade.* São Paulo: UNESP, 1991.

GLASSNER, Barry. *Cultura do Medo.* Tradução de Laura Knapp. São Paulo: Francis, 2003.

GOHN, Maria da Glória. *Teoria dos Movimentos Sociais*: paradigmas clássicos e contemporâneos. 3. ed. São Paulo: Edições Loyola, 2002.

──. Movimentos sociais na contemporaneidade. *Revista Brasileira de Educação* v. 16 n. 47 maio-ago. p. 333-361, 2011.

──. *Movimentos sociais no início do século XXI:* antigos e novos atores sociais. 6 ed. Petrópolis, RJ: Vozes, 2013.

GREEN, James N. O Grupo Somos, a esquerda e a resistência à Ditadura. In: James N. Green, Renan Quinalha (Org.). *Ditadura e homossexualidades*: repressão, resistência e a busca da verdade. São Carlos: EdUFSCar, p. 177-200, 2014.

GRUPO GAY DA BAHIA. *O que é o GGB.* 2013. Disponível em: <http://www.ggb.org.br/ggb.html>. Acesso em: 24 jan. 2016.

──. *Assassinato de Homossexuais (LGBT) no Brasil:* Relatório 2012. 2013a. Disponível em: <https://homofobiamata.files.wordpress.com/2013/02/relatorio-20126.pdf>. Acesso em: 10 jan. 2016.

──. *Assassinato de Homossexuais (LGBT) no Brasil:* Relatório 2013. 2014. Disponível em: <http://homofobiamata.files.wordpress.com/2014/03/relatc3b3rio-homocidios-2013.pdf>. Acesso em: 09 jan. 2016.

──. *Assassinato de Homossexuais (LGBT) no Brasil:* Relatório 2014. 2015. Disponível em: <https://homofobiamata.files.wordpress.com/2015/01/ relatc3b3rio-2014s.pdf>. Acesso em: 10 jan. 2016.

GUIA GAY. *Flávia Piovesan: Governo Federal agirá para criminalizar LGBTfobia.* 10/10/2016. Disponível em: <http://www.guiagaysaopaulo.com.br/1/n--flavia-piovesan-governo-federal-agira-para-criminalizar-lgbtfobia--10-10-2016--3320.htm >. Acesso em: 21 dez. 2016.

G1. *A cada 28 horas, um homossexual morre de forma violenta no Brasil.* Fantástico 19/06/2016, 22h39min. Disponível em: <http://g1.globo.com/fantastico/noticia/2016/06/cada-28-horas-um-homossexual-morre-de-forma-violenta-no-brasil.html> Acesso em: 21 dez. 2016.

HABERMAS, Jürgen. Crítica de la razón funcionalista. Habermas, Jürgen, *Teoría de la Acción Comunicativa.* Madri: Taurus, v. 2, 2001.

HOJE EM DIA. *Imagem de transexual "crucificada" na Parada Gay de SP gera polêmica nas redes sociais*. 08/06/2015, 19h38min. Disponível em: <http://www.hojeemdia.com.br/almanaque/imagem-de-transexual-crucificada-na-parada-gay-de-sp-gera-polemica-nas-redes-sociais-1.323684>. Acesso em: 11 jul. 2015.

HOMMERDING, Adalberto Narciso. Prefácio. In: LIRA, Cláudio Rogério Sousa. *Direito penal na pós-modernidade*: a racionalidade legislativa para uma sociedade de risco. p. 21-30. Curitiba: Juruá, 2013.

JACOBS, Andrew. *Brasil está enfrentando uma epidemia de violência homofóbica*. 06/07/2016, 06h00min. Disponível em: <https://noticias.uol.com.br/internacional/ultimas-noticias/the-new-york-times/2016/ 07/06/brasil-esta-enfrentando-uma-epidemia-de-violencia-antigay.htm>. Acesso em: 21 dez. 2016.

JIMÉNEZ, Rafael M. Mérida. Prólogo: Emergencias, reflexiones y combates.In: Rafael M. Mérida (ed.). *Manifiestos gays, lesbianos y queer*. Barcelona: Icaria, 1 ed., p. 07-46, 2009.

LAMPIÃO. Saindo do Gueto. *Lampião*, Edição experimental – Número zero, Rio de Janeiro, abril de 1978. Disponível em: <http://www.grupodignidade.org.br/wp-content/uploads/2016/01/01-LAMPIAO-EDICAO-00-ABRIL-19781.pdf>. Acesso em: 08 out. 2016.

LGBT. *As cores da bandeira LGBT e o seu significado*. 2010. Disponível em: <http://www.lgbt.pt/cores-bandeira-lgbt/>. Acesso em: 09 jul. 2016.

LIRA, Cláudio Rogério Sousa. *Direito Penal na pós-modernidade*: a racionalidade legislativa para uma sociedade de risco. Curitiba: Juruá, 2013.

LOURO, Guacira Lopes. Heteronormatividade e homofobia. In: JUNQUEIRA, Rogério Diniz. *Diversidade Sexual na Educação*: problematizações sobre a homofobia nas escolas. Brasília: Ministério da Educação, Secretaria de Educação Continuada, Alfabetização e Diversidade, UNESCO, p. 85-94, 2009.

LUHMANN, Niklas. *A realidade dos meios de comunicação*. Tradução Ciro Marcondes Filho. São Paulo: Paulus, 2005.

——.*Sociología del riesgo*. 3. ed. México: Universidade Iberoamericana, 2006.

LUISI, Luiz. *Os princípios constitucionais penais*. 2. ed. revista e aumentada. Porto Alegre: Sergio Antonio Fabris Editor, 2003.

MACHADO, Bruno. *Qual a diferença entre identidade de gênero e orientação sexual?* 26/09/2016, 17h30min. Disponível em: <http://mundoestranho.abril.com.br/saude/qual-a-diferenca-entre-identidade-de-genero-e-orientacao-sexual/>. Acesso em: 27 set. 2016.

MACRAE, Edward J. B. N. Movimentos Sociais e os direitos de Cidadania dos Homossexuais. In: Angela Araujo. (Org.). *Trabalho, Cultura e Cidadania*. São Paulo: Scritta, p. 237-245, 1997.

MANZARO, Nathalia. Secretário anuncia mudanças pedidas pela comunidade LGBT no registro do B.O. *Governo do Estado de São Paulo – Secretaria da Segurança Pública*. 05/11/2015, 14h14min. Disponível em: <http://www.ssp.sp.gov.br/noticia/lenoticia.aspx?id=36440>. Acesso em: 24 jul. 2016.

MARCELINO, Sandra Regina de Souza. *Questões Contemporâneas*: a homossexualidade e os novos sujeitos como desafios para o serviço social. 2010. Disponível em: <http://www.fazendogenero.ufsc.br/9/resources/anais/1315765266_ARQUIVO_FAZENDOGENEROTEXTOFINAL.pdf >. Acesso em: 09 jul. 2016.

MARQUES DA SILVA, Ivan Luís. Direito Penal neo-constitucionalista: equilíbrio necessário entre os anseios da sociedade e a legitimidade do ordenamento. *Revista Brasileira de Ciências Criminais* – RBCCRIM, ano 2008, n. 73. São Paulo: IBCCRIM, p. 35-74.

MASCARENHAS, Oacir Silva. A influência da mídia na produção legislativa penal brasileira. In: *Âmbito Jurídico*, Rio Grande, XIII, n. 83, dez 2010. Disponível em: <http://www.ambitojuridico.com.br/site/?n_link=revista_artigos_leitura&artigo_id=8727&revista_caderno=3>. Acesso em: 15 abr. 2015.

MASSINI, Érica. Conheça as mais importantes Paradas LGBT e outros eventos deste gênero no mundo. *Blog 1A*, 03/09/2012. Disponível em: <http://amadeus1a.com.br/conheca-as-mais-importantes-paradas-lgbt-e-outros-eventos-deste-genero-no-mundo/>. Acesso em: 29 mar. 2015.

MELO JÚNIOR, João Alfredo Costa de Campos. A Ação Coletiva e seus Interpretes. *Pensamento Plural*. UFPEL – Universidade Federal de Pelotas, v. 1, p. 65-87, 2007.

MELUCCI, Alberto. *A invenção do presente:* movimentos sociais nas sociedades complexas. Tradução de Maria do Carmo Alves do Bomfim. – Petrópolis/RJ: Vozes, 2001.

MISKOLCI, Richard. *Teoria Queer:* um aprendizado pelas diferenças. 2. ed. Belo Horizonte: Autêntica Editora: UFOP – Universidade Federal de Ouro Preto, 2012.

MOLINA, Luana. Pagano Peres. A homossexualidade e a historiografia e trajetória do movimento homossexual. Londrina: *Antíteses*, v. 4, p. 949-962, 2011.

NUNES, Aycha. Polícia Civil adota novos procedimentos em respeito a orientação sexual do cidadão. Secretaria de Estado de Segurança Pública e Defesa Social – *Governo do Pará*. 18/10/2012, 17h44min. Disponível em: <http://www.segup.pa.gov.br/node/1351>. Acesso em: 24 jul. 2016.

NUNES, Cristina. O conceito de movimento social em debate: dos anos 60 até à atualidade, *Sociologia, Problemas e Práticas*, 75, p.131-147, 2014.

NUNES, Jordão Horta. O interacionismo simbólico e movimentos sociais: enquadrando a intervenção. *Revista Sociedade e Estado* – Volume 28 Número 2 Maio/Agosto 2013.

PARISE, Gabriel. CineSesc apresenta documentário "Lampião da Esquina", que mostra movimento homossexual no Brasil nos anos 70/80. *ZUPI*. 11/08/2016. Disponível em: <http://www.zupi.com.br/cinesesc-apresenta-documentario-lampiao-da-esquina-que-mostra-movimento-homossexual-no-brasil-nos-anos-7080/>. Acesso em: 24 out. 2016.

PASSAMANI, Guilherme Rodrigues; MAIA, Lenine Ribas. Um herói gay: uma análise sobre homofobia, militância e moralidade a partir de MILK – A Voz da Igualdade. In: Guilherme Rodrigues Passamani. (Org.). *Ciclo de Cinema:* entre histórias, teorias e reflexões. II Volume. Campo Grande: Editora da UFMS, v. II, p. 85-98, 2011.

PASTANA, Débora Regina. *Cultura do Medo*: reflexões sobre violência criminal, controle social e cidadania no Brasil. São Paulo: Editora Método, 2003.

——. Medo e Opinião Pública no Brasil Contemporâneo. In: *Estudos de Sociologia*. Araraquara, v. 12, n. 22, p. 91-116, 2007.

PETRY, Analídia Rodolpho; MEYER, D. E. E.. Transexualidade e heteronormatividade: algumas questões para a pesquisa. *Textos & Contextos* (Porto Alegre), v. 10, p. 193-198, 2011.

PINHEIRO, Paulo Sérgio. Medo em todo lugar e em lugar nenhum. In: Barry Glassner. *Cultura do Medo*. São Paulo: Francis, p. 11-18, 2003.

POLÍCIA CIVIL. DHPP – *Departamento Estadual de Homicídios e de Proteção à Pessoa*. Disponível em: <http://dhpp.pc.rs.gov.br/conteudo/22293/organograma>. Acesso em: 28 set. 2016.

PORTAL BRASIL. *STF reconhece adoção de criança por casal homoafetivo*. 20/03/2015 11h59min. Disponível em: <http://www.brasil.gov.br/cidadania-e-justica/2015/03/ministra-do-stf-reconhece-adocao-de-crianca-por-casalhomoafetivo>. Acesso em 14 ago. 2016.

REIS, Toni. O movimento homossexual. In: FIGUEIRÓ, Mary Neide Damico (Org.). *Homossexualidade e educação sexual:* construindo o respeito à diversidade. Londrina: EdUEL, p. 101-102, 2007.

RIO GRANDE DO SUL. Assembleia Legislativa. Gabinete de Consultoria Legislativa. *Decreto nº 50.002*, de 28 de dezembro de 2012. (publicado no DOE nº 249, de 31 de dezembro de 2013). Cria a Divisão de Homicídios e Proteção à Pessoa – DH, Delegacias de Polícia de Homicídios e Proteção à Pessoa do Município de Porto Alegre, altera o Regimento Interno da Polícia Civil e altera as circunscrições das Delegacias de Polícia de Porto Alegre. Disponível em:<http://www.al.rs.gov.br/filerepository/repLegis/arquivos/DEC%2050.002.pdf>. Acesso em: 19 jan. 2016.

——. *Decreto nº 49.122*, de 17 de maio de 2012. Disponível em: <http://www.direitohomoafetivo.com.br/anexos/normatizacao/92_016b5a9c5e4a7ede52fbacdbe4d3ed68.pdf>. Acesso em: 14 ago. 2015.

——. ESTATUTO DOS SERVIDORES DA POLÍCIA CIVIL. *Lei n. 7.366, de 1980*. Disponível em: <http://www.giorgioforgiarini.com.br/ 2013/05/questoes-e-exercicios-lce-n-7366-de-1980.html>. Acesso em: Acesso em: 19 jan. 2016.

_____. SECRETARIA DE SEGURANÇA PÚBLICA. *Indicadores criminais SSP de 2013*. Disponível em: <http://www.ssp.rs.gov.br/?model=conteudo&menu =288&id=20317>. Acesso em: 25 set. 2016.

_____. ECRETARIA DE SEGURANÇA PÚBLICA. *Indicadores criminais SSP de 2014*. Disponível em: <http://www.ssp.rs.gov.br/?model=conteudo&menu= 300&id=20911>. Acesso em: 25 set. 2016.

_____. ECRETARIA DE SEGURANÇA PÚBLICA. *Indicadores criminais SSP de 2015*. Disponível em: <http://www.ssp.rs.gov.br/?model=conteudo&menu=304> . Acesso em: 25 set. 2016.

RIOS, Roger Raupp. O conceito de homofobia na perspectiva dos direitos humanos e no contexto dos estudos sobre preconceito e discriminação. In: RIOS, Roger Raupp. *Em defesa dos direitos sexuais*. Porto Alegre: Livraria do Advogado, p. 111-139, 2007.

ROSA, Alexandre de Morais. Para entender o Garantismo Penal de Ferrajoli. *Empório do Direito*. 2015. Disponível em: <http://emporiododireito.com.br/para-entender-o-garantismo-penal-de-ferrajoli-por-alexandre-morais-da-rosa/>. Acesso em: 19 nov. 2015.

ROSA, Eduardo. *Violência contra população LGBT cresceu quase 40% em Porto Alegre entre 2011 e 2013*. ZH Porto Alegre, 04/12/2014, 04h04min. Disponível em: <http://zh.clicrbs.com.br/rs/porto-alegre/noticia/2014/12/violencia-contra-populacao-lgbt-cresceu-quase-40-em-porto-alegre-entre-2011-e-2013-4656179.html>. Acesso em: 09 jan. 2016.

SANTOS, Gustavo Gomes da Costa. Mobilizações Homossexuais e Estado no Brasil: São Paulo (1978-2004). *Revista Brasileira de Ciências Sociais* – vol. 22 n° 63, fevereiro de 2007. Disponível em: <http://www.scielo.br/pdf/rbcsoc/v22n63/a10v2263.pdf>. Acesso em: 29 mar. 2015.

SANTOS, Juarez Cirino dos. *A moderna teoria do fato punível*. Rio de Janeiro: Freitas Bastos, 2000.

SILVA, Claiton. SSP apresenta novo Chefe de Polícia e novo Subcomandante da BM. *Secretaria de Segurança Pública*, 11/02/2016, 14h18min. Disponível em: http://www.ssp.rs.gov.br/?model=conteudo&menu=81&id=21725. Acesso em: 23 jul. 2016.

SIMÕES, Júlio Assis; FACCHINI, Regina. *Na trilha do arco-íris* – Do movimento homossexual ao LGBT. São Paulo: Editora Fundação Perseu Abramo, 2009.

STEWART, Charles J; CASH JR., William B. *Técnicas de entrevista*: estruturação e dinâmica para entrevistados e entrevistadores. Tradução: Carolina Zanon, Cássia Zanon. 14. ed., Porto Alegre: AMGH, 2015.

TILLY, Charles. Movimentos sociais como política. *Revista Brasileira de Ciência Política*, n° 3. Brasília, janeiro-julho de 2010, pp. 133-160.

TOLEDO, Francisco de Assis. *Princípios básicos de direito penal*: de acordo com a Lei n. 7.209 de 11-7-1984 e com a Constituição Federal de 1988. 5. ed. São Paulo: Saraiva, 2002.

TOURAINE, Alain. Os novos conflitos sociais para evitar mal-entendidos. *Lua Nova*, São Paulo, 1989, n°. 17, p. 5-18. Disponível em: <http://www.scielo.br/pdf/ln/n17/a02n17.pdf>. Acesso em: 15 ago. 2016.

_____. Na fronteira dos movimentos sociais. *Sociedade e Estado*, Brasília, v. 21, n.1, p. 17-28, jan./abr. 2016.

TRINDADE, Ronaldo. O Mito Da Multidão: Uma Breve História da Parada Gay de São Paulo. *Gênero*. Niterói, v.11, n.2, p. 73-97, 2011.

UOL RIO. *Transexual "crucificada" na Parada Gay de SP diz ter sido ameaçada de morte*. 08/06/2015, 20h43min. Disponível em: <http://noticias.uol.com.br/cotidiano/ultimas-noticias/2015/06/08/transexual-crucificada-na-parada-gay-de-sp-diz-ter-sido-ameacada-de-morte.htm>. Acesso em: 11 jul. 2015.

WEEKS, Jeffrey. O corpo e a sexualidade. In: LOURO, Guacira Lopes (Org.). *O corpo educado*: pedagogias da sexualidade. Belo Horizonte: Autêntica, p. 35-83, 2000.

WELZER-LANG, Daniel. A construção do masculino: dominação das mulheres e homofobia. In: *Estudos Feministas*, Florianópolis, v.1, n. 2, p. 460-482, 2001.

WIKIPÉDIA. *Parada do orgulho LGBT de São Paulo*. Disponível em: <https://pt.wikipedia.org/wiki/Parada_do_orgulho_LGBT_de_S%C3%A3o_Paulo>. Acesso em: 10 ago. 2016.

WOLKMER, Antonio Carlos. Novos sujeitos sociais e a construção plural de Direitos. [S.I., s.n.], 201-.

——. *Pluralismo Jurídico*: fundamentos de uma nova cultura do direito. 4 ed. São Paulo: Saraiva, 2015.

ZAFFARONI, Eugenio Raúl; BATISTA, Nilo. *Direito penal brasileiro*: Teoria do Delito: Introdução Histórica e Metodológica, ação e tipicidade. Rio de Janeiro: Revan, 2010.

ZAFFARONI, Eugênio Raul. *Em busca das penas perdidas*. Tradução Vania Romano Pedrosa, Amir Lopes da Conceição. Rio de Janeiro: Revan, 1991.

——. *O inimigo no direito penal*. Tradução de Sérgio Lamarão. Rio de Janeiro: Revan, 2011.

ZEIDAN, Rogério. *Ius puniendi, Estado e direito fundamentais*: aspectos de legitimidade e limites da potestade punitiva. Porto Alegre: Fabris, 2002.

ZERO HORA. *Crescem relatos de mortes de homossexuais no Estado*. Disponível em: <http://zh.clicrbs.com.br/rs/noticias/noticia/2014/05/crescem-relatos-de-mortes-de-homossexuais-no-estado-4489352.html>. Acesso em: 1 out. 2014.

Apêndice A

TERMO DE CONSENTIMENTO LIVRE E ESCLARECIDO

Convidamos o(a) Sr(a) para participar da Pesquisa: "**NOVOS MOVIMENTOS SOCIAIS E CRIMINALIZAÇÃO DA HOMOFOBIA: análise de casos ocorridos na cidade de Porto Alegre sob uma perspectiva sociojurídica**", sob a responsabilidade da pesquisadora Valquiria Palmira Cirolini Wendt, mestranda ligada à Instituição UNILASALLE – CENTRO UNIVERSITÁRIO LASALLE – Canoas (sob a orientação da Profª. Drª. Renata Almeida da Costa e tendo como Coorientador o Prof. Dr. Daniel Achutti).

A pesquisa propõe analisar se os casos de homicídios envolvendo lésbicas, gays, bissexuais, travestis e transexuais – LGBT tendem a uma criminalização dos envolvidos como estratégia de proteção dessas vítimas.

Sua participação é voluntária e se dará por entrevista gravada em áudio e posteriormente transcrita para análise. O entrevistado e seu local de trabalho não serão identificados na transcrição nem no produto final da pesquisa que será a dissertação. Serão utilizados apenas números de participantes. Realizada a transcrição, que ocorrerá no primeiro semestre de 2016, será feita uma análise dos dados respondidos, procurando verificar se as hipóteses lançadas no projeto de pesquisa são alcançadas não só pelas respostas da pesquisa, mas pela análise conjunta com pesquisa documental e bibliográfica. Após, as gravações serão inutilizadas. Até esta data ficarão sob a responsabilidade da pesquisadora.

Nesse estudo, pautado nos preceitos éticos e fundamentados pela Res. CNS 466/12, entende-se que não haverá desconfortos ou riscos ao sujeito de pesquisa (a quem for entrevistado individualmente ou no grupo). Caso existam os riscos decorrentes de sua participação na pesquisa, são de natureza moral, como a identificação do entrevistado e o local de trabalho (no caso dos policiais civis a identificação da Delegacia de Polícia que foi realizada a pesquisa) e, caso sinta-se exposto, constrangido, desconfortável, enfim, se causar agravo moral à sua dignidade, pode solicitar a reparação ou indenização devida. Se você aceitar participar, estará contribuindo para o levantamento e análise de dados oficiais sobre o crime de homicídio com vítimas LGBT, bem como a pesquisa propiciará a reflexão acerca das discussões de ativistas de movimentos sociais LGBT, em especial, sobre a criminalização da homofobia. Assim, o benefício para o entrevistado será relevante ao lhe apresentar, ao final da pesquisa, dados que poderão auxiliar na discussão sobre a criminalização da homofobia no Brasil e/ou outras policias criminais (principalmente aos ativistas dos movimentos LGBT), bem como informações sobre a importância da identificação da orientação sexual para a investigação do crime de homicídio (especialmente aos policiais civis).

Se depois de consentir em sua participação o Sr(a) desistir de continuar participando, tem o direito e a liberdade de retirar seu consentimento em qualquer fase da pesquisa, simplesmente parando de responder a entrevista, independente do motivo e sem nenhum prejuízo a sua pessoa. O(a) Sr(a) não terá nenhuma despesa e também não receberá nenhuma remuneração. Os resultados da pesquisa serão analisados e publicados, mas sua identidade não será divulgada, sendo guardada em sigilo. Para qualquer outra informação, o (a) Sr(a) poderá entrar em contato com a pesquisadora no endereço Rua República, 2050, Casa 78, Bairro Harmonia, Canoas, RS, pelo telefone (51) 34653820, ou poderá entrar em contato com o Comitê de Ética em Pesquisa – CEP/UNILASALLE, no endereço: 3º andar do Prédio 6. Email: cep.unilasalle@unilasalle.edu.br.

Importante esclarecer que a participação é restrita a pessoas com mais de 18 anos. Caso haja algum respondente que seja criança ou adolescente, os dados serão imediatamente descartados.

Consentimento Pós-Informação

Eu, _____, fui informado sobre o que o pesquisador quer fazer e porque precisa da minha colaboração e entendi a explicação. Por isso, eu concordo em participar do projeto, sabendo que não vou ganhar nada e que posso sair quando quiser. Este documento é emitido em duas vias que serão ambas assinadas por mim e pelo pesquisador, ficando uma via com cada um de nós.

_____ Data: ___/___/_____
Assinatura do participante

Valquiria P. Cirolini Wendt
Pesquisadora Responsável

Apêndice B

ROTEIRO PARA ENTREVISTA SEMIESTRUTURADA

Entrevista realizada com os policiais civis da 2ª Delegacia de Polícia de Homicídios e Proteção à Pessoa de Porto Alegre que atuaram nos Inquéritos Policiais que investigaram homicídios consumados com vítima LGBT.

Perguntas:
1) Você sabe o significado de LGBT? Explique.
2) Tratando-se de vítima lésbica, gay, bissexual, travesti ou transexual (LGBT), essa informação é considerada relevante para o andamento da investigação policial?
3) Quando se trata de vítima LGBT, há alguma dificuldade ou orientação para que essa informação não apareça nos autos?
4) Nos formulários de registro de ocorrência policial existe um campo específico para preenchimento de informação sobre a orientação sexual da vítima?
4.a) Como é feito o preenchimento desse campo?
4.b) Você acredita que a informação inserida neste campo contribui para a investigação do crime de homicídio?
5) Você tem conhecimento sobre as causas para os homicídios envolvendo vítima LGBT?
5.a) Você considera o preconceito/discriminação ou uma maior exposição dessas vítimas ao perigo como motivadores para estes delitos?

Anexo A

BRASIL ESTÁ ENFRENTANDO UMA EPIDEMIA DE VIOLÊNCIA HOMOFÓBICA

O agressor atacou enquanto Gabriel Figueira Lima, 21, estava em uma rua duas semanas atrás em uma cidade no Amazonas, o esfaqueando no pescoço e fugindo na garupa de uma moto, deixando-o para morrer.

Poucos dias antes, no Estado da Bahia, dois professores queridos, Edivaldo Silva de Oliveira e Jeovan Bandeira, também foram mortos, com seus corpos carbonizados encontrados no porta-malas de um carro incendiado.

No final do mês passado a vítima foi Wellington Júlio de Castro Mendonça, um balconista tímido de 24 anos, que foi agredido com objeto pesado e apedrejado até a morte perto de uma estrada em uma cidade no noroeste do Rio de Janeiro.

Em um país habituado com a violência, as mortes brutais se destacam: as vítimas não foram roubadas, a polícia ainda não identificou quaisquer suspeitos e todos os mortos eram gays ou transgênero.

Enquanto os americanos debatem vigorosamente como responder ao massacre no mês passado em uma boate gay em Orlando, Flórida, os brasileiros enfrentam sua própria epidemia de violência homofóbica, uma que, segundo alguns levantamentos, rendeu ao Brasil a infame classificação de lugar mais mortífero do mundo para lésbicas, gays, bissexuais e pessoas transgênero.

Quase 1.600 pessoas morreram em ataques motivados por ódio nos últimos 4 anos e meio, segundo o Grupo Gay da Bahia, que monitora as mortes por meio de notícias na mídia. Segundo seu levantamento, uma pessoa gay ou transgênero é morta quase todo dia neste país de 200 milhões de habitantes.

"E esses números representam apenas a ponta do iceberg de violência e derramamento de sangue", disse Eduardo Michels, o responsável pela compilação de dados do grupo, acrescentando que a polícia brasileira com frequência omite a motivação homofóbica ao compilar os casos de homicídios.

Essas estatísticas podem ser difíceis de conciliar com a imagem do Brasil de sociedade aberta e tolerante, uma nação que aparentemente nutre expressões livres de sexualidade durante o Carnaval e realiza a maior parada gay do mundo na cidade de São Paulo.

No Rio de Janeiro, sede no mês que vem dos Jogos Olímpicos, o medo do crime violento está na mente de muitas pessoas. Em meio à recessão esmagadora e o desemprego elevado, a criminalidade nas ruas apresentou um aumento de 24% neste ano e os homicídios aumentaram mais de 15%.

Ao mesmo tempo, ativistas de direitos humanos dizem que membros da força policial do Rio, ávidos em limpar a cidade antes da cerimônia de abertura dos Jogos em 5 de agosto, mataram mais de 100 pessoas neste ano, a maioria jovens negros vivendo em bairros pobres.

Mas defensores dizem que a constante violência homofóbica também ameaça subverter o caráter nacional idealizado que promete igualdade e respeito por todos os brasileiros.

"Nós vivemos desta imagem de lugar aberto e tolerante", disse Jandira Queiroz, a coordenadora de mobilização da Anistia Internacional Brasil. "A violência homofóbica atingiu níveis de crise e está piorando."

A reputação quase mítica do Brasil de tolerância não é injustificada. Nas quase três décadas desde que a ditadura militar deu lugar à democracia, o governo brasileiro introduziu numerosas leis e políticas visando melhorar a vida das minorias sexuais.

Em 1996, ele foi um dos primeiros países a oferecer drogas antirretrovirais gratuitas para pessoas com HIV. Em 2003, o Brasil foi o primeiro país na América Latina a reconhecer uniões de mesmo sexo para fins de imigração, e foi um dos primeiros a permitir que casais gays adotassem crianças. Em 2013, o Judiciário brasileiro na prática legalizou o casamento de mesmo sexo.

Alguns especialistas sugerem que as políticas liberais do governo podem ter avançado muito à frente dos costumes sociais tradicionais. A violência homofóbica, eles argumentam, pode ser rastreada à cultura de machismo e ao estilo de cristianismo evangélico do Brasil, exportado dos Estados Unidos, que é abertamente oposto à homossexualidade.

Os evangélicos correspondem a quase um quarto da população do Brasil, em comparação a 5% em 1970, e os líderes religiosos atingem milhões de pessoas por meio de centenas de emissoras de rádio e televisão que compraram nos últimos anos.

As congregações pentecostais ao estilo americano também exercem um papel cada vez mais forte na política brasileira. Os eleitores evangélicos ajudaram a colocar mais de 60 deputados para as 513 cadeiras da Câmara, dobrando o número deles desde 2010 e que formam uma das bancadas mais disciplinadas em um Legislativo dividido e indisciplinado.

Jean Wyllys, o único membro assumidamente gay do Congresso brasileiro, disse que os legisladores evangélicos, o núcleo de uma coalizão conhecida como "Bancada BBB" (Boi, Bíblia e Bala), têm impedido legislação que puniria a discriminação homofóbica e o endurecimento das penas por crimes de ódio. "Os evangélicos estão ficando cada vez mais poderosos e tomaram o Congresso", disse Wyllys.

Eduardo Cunha, um comentarista de rádio cristã evangélica que serviu como presidente da Câmara, já sugeriu que o Congresso criasse um Dia do Orgulho Heterossexual. Após uma novela brasileira ter exibido um beijo gay, ele transmitiu sua repulsa pelo Twitter. (Cunha, que é acusado de ter recebido cerca de R$ 130 milhões em propinas, foi suspenso do cargo em maio).

Marcos Vidal/Futura Press/Estadão Conteúdo

Jovens participam de ato contra a homofobia e em favor dos direitos LGBT no Rio de Janeiro

Durante um debate presidencial televisionado em 2014, um dos candidatos, Levy Fidelix, disse que os homossexuais eram inaptos para serem pais e que "aparelho excretor não reproduz". Jair Bolsonaro, um deputado conhecido por suas posições conservadoras, recomendou punição física como ferramenta para transformar gays em heterossexuais.

Javier Corrales, um cientista político da Faculdade Amherst que estuda os movimentos de direitos dos gays na América Latina, disse que grande parte da homofobia é uma reação a avanços como o casamento de mesmo sexo. "Os brasileiros estão se tornando mais tolerantes", ele disse, "mas a tendência contrária é a de que aqueles que permanecem intolerantes e contrários aos direitos LGBT estão desenvolvendo novas estratégias e um discurso mais virulento para bloquear o progresso nestas questões".

Marco Feliciano, um membro proeminente da bancada evangélica no Congresso, rejeita as sugestões de que o sentimento homofóbica fomenta a violência. Em uma entrevista, ele expressou arrependimento por um comentário anterior descre-

Ao longo de várias horas, ele disse, os policiais na delegacia insistiam que ele tinha sido vítima de um simples assalto, porque ele perdeu seu celular e carteira durante o caos. "No final, eles me fizeram duvidar se um ataque homofóbico realmente aconteceu", ele disse. "Eles me fizeram duvidar se eu estava em meu juízo perfeito."

AntonioKvalo, 34, um webdesigner, criou o temlocal.com.br, um *site* onde os brasileiros podem registrar casos de violência homofóbica. Ele disse que foi motivado em parte por sua própria experiência, em 2008, quando dois homens o abordaram em uma rua do Rio e o chutaram dezenas de vezes.

vendo a Aids como "um câncer gay", mas defendeu os esforços para combater legislação de direitos gays, insistindo, por exemplo, que os casais de mesmo sexo são inaptos para serem pais.

"Eles colocam a civilização e as famílias tradicionais em risco de destruição", ele disse.

Os políticos conservadores resistem aos esforços para ensino da tolerância nas escolas, a polícia mostra pouco interesse em adotar programas de treinamento para ajudar a força a lidar com crimes de ódio. As vítimas de violência homofóbica e transgênero dizem experimentar com frequência nova humilhação por parte dos agentes da lei, alguns abertamente hostis aos pedidos para que o crime seja registrado como motivado por homofobia.

Dudu Quintanilha, 28, um artista e fotógrafo de São Paulo, disse que foi agredido com pauladas por quatro agressores durante o Carnaval deste ano. Os agressores, que o atacaram no centro da cidade, gritavam ofensas homofóbica enquanto o deixavam com o rosto ensanguentado, ele disse, mas a polícia se recusou a considerar o ataque um ato de homofobia.

Dudu Quintanilha, agredido durante o Carnaval em São Paulo

Quando os policiais chegaram, eles questionaram repetidas vezes o relato dele e, após ele insistir que o caso fosse registrado como crime de ódio, eles lhe disseram para posar como um dos criminosos na traseira da viatura. "Eles fizeram com que me sentisse um criminoso", ele disse.

Os ativistas dizem que os transgêneros brasileiros enfrentam a maior brutalidade, com muitas das vítimas de homicídio sendo altamente mutiladas. No ano passado, um grupo de homens gravou em vídeo a agressão deles a Piu da Silva, 25 anos, um exuberante passista de escola de samba no Rio, que foi torturado e forçado a implorar por sua vida antes de ser esfaqueado e receber seis tiros. Os autores do crime, que postaram o ataque no Facebook, não foram encontrados.

"Os transexuais vivem em constante medo", disse Kvalo.

Mesmo quando os suspeitos de violência homofóbica são presos, dizem os defensores, eles costumam ser tratados com leniência. Os dois homens que agrediram brutalmente

André Baliera, um estudante de Direito de 28 anos, em um bairro nobre de São Paulo, foram acusados originalmente de tentativa de homicídio. No ano passado, após cumprirem uma pena de dois meses, os homens foram ordenados a pagar uma multa R$ 21.250 cada e soltos.

O medo é palpável para Gilson Borges Reis, um estudante de 18 anos em Lauro de Freitas, uma cidade industrial no Nordeste do Brasil. No mês passado, um primo que há muito o insultava por ser gay, o perseguiu pela rua com uma faca de cozinha, o esfaqueando no peito e braços enquanto os parentes assistiam horrorizados.

Reis sobreviveu e o primo, um cristão evangélico, foi preso. Ele foi indiciado por tentativa de homicídio, mas foi prontamente solto sob fiança.

Os dois primos vivem na mesma rua. "Ele passa pela minha casa e me olha com uma expressão terrível", disse Reis às lágrimas. "Eu não tenho proteção. Tenho medo."

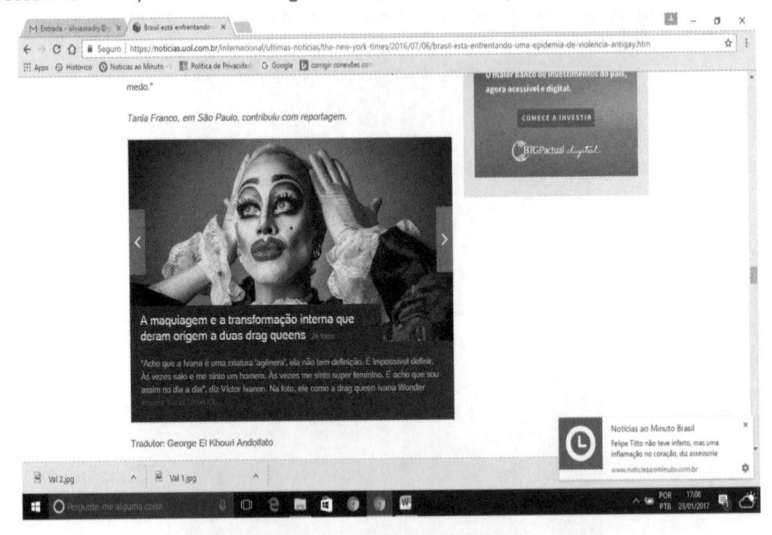

Fonte: <https://noticias.uol.com.br/internacional/ultimas-noticias/the-new-york-times/2016/07/06/brasil-esta-enfrentando-uma-epidemia-de-violencia-antigay.htm>.

Anexo B

**COM AVANÇO DOS DIREITOS, VIOLÊNCIA CONTRA GAYS NÃO CAI
DOS CINCO ESTADOS MAIS VIOLENTOS, QUATRO RECONHECEM
CASAMENTO HOMOAFETIVO**

POR MARIANA TIMÓTEO DA COSTA
10/05/2013 20:38 / atualizado 10/05/2013 20:49

PUBLICIDADE

SÃO PAULO – Assegurar direitos iguais — como a permissão em 12 estados mais o Distrito Federal de que homossexuais se casem, segundo levantamento divulgado nesta sexta-feira pelo GLOBO — não significa livrá-los da homofobia. Dos cinco estados brasileiros mais violentos para os gays em 2012, quatro deles (Alagoas, Paraíba, Piauí e Sergipe) autorizam o casamento homoafetivo, o que mostra que a violência independente do registro civil. Roraima, o quinto lugar na lista dos mais violentos, não reconhece a união entre pessoas do mesmo sexo.

O Relatório Anual de Assassinato de Homossexuais de 2012, compilado pelo Grupo Gay da Bahia, mostrou que 338 gays, travestis e lésbicas foram assassinados no ano passado, fazendo o país ocupar o primeiro lugar no ranking mundial de assassinatos homofóbicos. Nos dois primeiros meses de 2013, já foram 48 homicídios. À medida que os direitos avançam, a estatística de violência aumenta: em 2011 foram 266 mortes; em 2010, 260.

A Secretaria de Direitos Humanos da Presidência da República, que possui o Disque 100 (canal telefônico por onde homossexuais podem denunciar casos de violência), registrou, em 2011, 1159 reclamações. Em 2012, o número mais que dobrou: 3017. Os campeões de reclamações (em relação ao seu número de habitantes) são: Distrito Federal, Mato Grosso, Paraíba, Rio Grande do Norte e Piauí. Em três deles (DF, PB, PI), por exemplo, gays podem se casar.

— As estatísticas mostram que não é uma lei que muda o sofrimento e o preconceito. A violência se desdobra, com coisas do tipo bullying, dificuldade de o gay obter um trabalho, ou uma promoção, dificuldade de adotar um filho, ou de sua criança conseguir vaga nas escolas públicas. É preciso ir além do casamento gay, porque nem todo gay vai querer se casar — diz Beto de Jesus, diretor do Instituto Edson Néris, que culpa o governo federal, "que cede cada vez mais à bancada evangélica", pelos entraves em leis como a que criminaliza a homofobia e puniria crimes de ódio e intolerância.

São Paulo, considerado um estado bastante tolerante aos gays, tanto socialmente quanto juridicamente, ainda é, em números absolutos, onde mais homossexuais morrem: foram 45 pessoas assassinadas em 2012. O risco de um transsexual ser morto no Brasil, é 1.280% maior do que os Estados Unidos. No Rio, 13 homossexuais foram assassinados em 2012.

Leia mais sobre esse assunto em <http://oglobo.globo.com/brasil/com-avanco-dos-direitos-violencia-contra-gays-nao-cai-8358921#ixzz4Wc8HrtMG>.

© 1996 – 2017. Todos direitos reservados a Infoglobo Comunicação e Participações S.A. Este material não pode ser publicado, transmitido por broadcast, reescrito ou redistribuído sem autorização.

Anexo C

A CADA 28 HORAS, UM HOMOSSEXUAL MORRE DE FORMA VIOLENTA NO BRASIL

Edição do dia 19/06/2016
19/06/2016 22h39 – Atualizado em 19/06/2016 22h39.

Em 2015, o Disque 100 recebeu quase 2 mil denúncias de agressões contra gays. Desde o início de 2016, 132 homossexuais foram mortos no país.

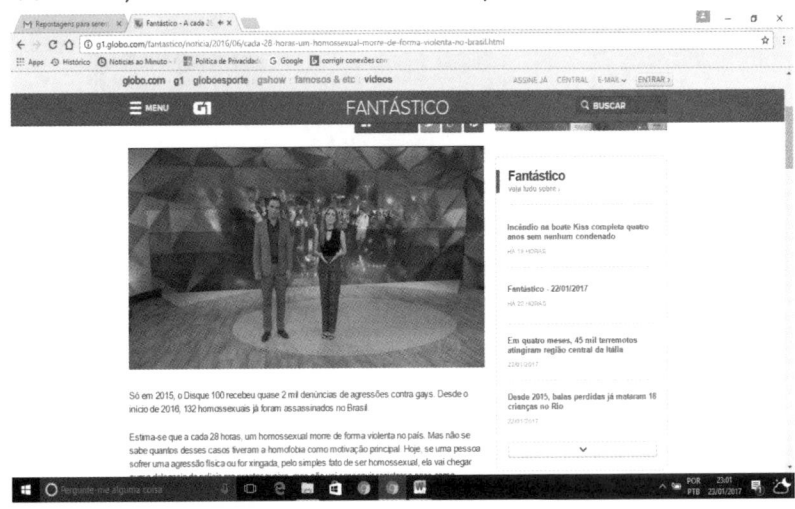

Só em 2015, o Disque 100 recebeu quase 2 mil denúncias de agressões contra gays. Desde o início de 2016, 132 homossexuais já foram assassinados no Brasil.

Estima-se que a cada 28 horas, um homossexual morre de forma violenta no país. Mas não se sabe quantos desses casos tiveram a homofobia como motivação principal. Hoje, se uma pessoa sofrer uma agressão física ou for xingada, pelo simples fato de ser homossexual, ela vai chegar numa delegacia de polícia pra prestar queixa, mas não vai conseguir registrar o caso como homofobia. Porque não existe esse crime na legislação brasileira. A homofobia não é considerada crime, e por isso casos de violência contra homossexuais recebem menos atenção da polícia.

Fonte? <http://g1.globo.com/fantastico/noticia/2016/06/cada-28-horas-um-homossexual-morre-de-forma-violenta-no-brasil.html>.

Anexo D

LÉSBICAS, GAYS, BISSEXUAIS, TRAVESTIS E TRANSEXUAIS DE TODO O PAÍS SE REUNIRAM PARA PEDIR RESPEITO PELA DIVERSIDADE

BRASIL
29 fotos incríveis (e polêmicas) da Parada Gay em São Paulo

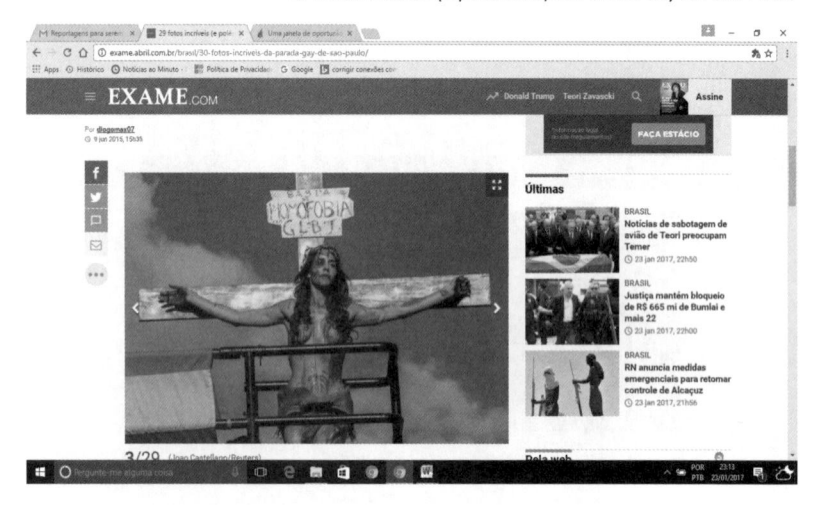

São Paulo – A 19ª parada Gay desão Paulo deste domingo trouxe alegria e críticas à homofobia e aos políticos na Avenida Paulista.

Lésbicas, gays, bissexuais, travestis e transexuais de todo o país se reuniram para pedir respeito pela diversidade.

Durante a festa na Avenida Paulista, como nos anos anteriores, os participantes capricharam na maquiagem e no figurino para esbanjar alegria e descontração.

Mas não faltaram críticas a políticos, principalmente ao presidente da Câmara, Eduardo Cunha.

Durante a coletiva de imprensa que abriu o evento, o prefeito de São Paulo, Fernando Haddad, e o governador do estado, Geraldo Alckmin, também foram cobrados pelos manifestantes sobre a atuação do poder público sobre os direitos LGBT.

Já a senadora Marta Suplicy, aliada da causa gay, subiu em um dos trios para participar do evento.

Um destaque que chamou a atenção foi o grupo Mães pela Diversidade, que desfilou pela avenida Paulista para pedir respeito aos seus filhos.

Confira nas fotos como foi a parada gay deste ano em São Paulo.

Texto atualizado às 19h57 para que o título refletisse melhor a reportagem.

Fonte: <http://exame.abril.com.br/brasil/30-fotos-incriveis-da-parada-gay-de-sao-paulo/>

Anexo E

**HOMOFOBIA MOTIVOU UM ASSASSINATO A CADA
27 HORAS EM 2014 NO BRASIL**

(R7, 16/03/2015) Para a especialista, aumento de discussões sobre temas LGBT explicaria reações violentas

Em 2014, 326 pessoas morreram no Brasil em razão da homofobia, o que significa um assassinato a cada 27 horas. Os dados fazem parte do Relatório Anual de Assassinatos de Homossexuais no Brasil, divulgado em fevereiro pelo GGB (Grupo Gay da Bahia).

Leia também:
Violência e exclusão causam morte precoce de travestis (O Tempo, 15/03/2015)
Aluno transgênero poderá escolher o banheiro e o tipo de uniforme escolar (G1, 13/03/2015)
SDH afirma que Governo Federal já tem portaria interministerial que amplia direitos e instrumentaliza políticas públicas voltadas à população LGBT (SDH, 12/03/2015)

O levantamento é feito com base em notícias veiculadas na imprensa. De acordo com o documento, o número de casos cresceu em 4,1 % na comparação com 2013.

A subnotificação impede uma radiografia fiel da realidade. O antropólogo Luiz Mott, fundador do GGB e coordenador da pesquisa, estima que todos os dias, no mínimo, um homicídio com motivação homofóbica ocorra no País, o que coloca o Brasil no topo do ranking.

— Hoje, 50% dos assassinatos de pessoas trans no mundo acontecem no Brasil.

Mott afirma que os crimes contra os LGBT (Lésbicas, Gays, Bissexuais, Travestis e Transexuais) são marcados pela imprevisibilidade.

— A falta de um padrão sistemático, regular da intolerância e da violência é um problema. A única tendência fixa é que sempre são mais gays [vítimas]. Em segundo lugar, as travestis e, em terceiro, as lésbicas.

O antropólogo completa, enfatizando que, em termos relativos, travestis e transgêneros estão mais expostos, uma vez que essa população não chega a 1 milhão no País, enquanto a de gays está na casa dos 20 milhões, conforme organizações que atuam junto a esses segmentos. Uma das explicações para essa vulnerabilidade estaria no estilo de vida marginalizado.

— Ninguém quer empregar uma travesti. Na escola, elas são humilhadas, expulsas e a prostituição se torna meio de sobrevivência.

Dos 326 mortos registrados no levantamento de 2014, 163 eram gays, 134 travestis, 14 lésbicas.

Disque 100

Dados do Disque 100, serviço mantido pela SDH/PR (Secretaria de Direitos Humanos da Presidência da República), apontam que das denúncias de violência homofóbica recebidas no ano de 2014, em 67,10% as vítimas eram homens; 19,45%, mulheres e, em 13,45% dos registros, o sexo não foi informado.

Conforme as estatísticas do serviço, os alvos mais recorrentes são gays (20,05%), travestis (11,57%), lésbicas (9,51%) e transexuais (8,31%). A faixa etária mais vulnerável é a de 18 a 24 anos, que corresponde a 31,71% das vítimas, segundo a SDH/PR.

Violência física e psicológica

Entre as denúncias de violência física contra LGBTs recebidas pelo Disque 100, a lesão corporal foi a mais frequente, totalizando 188 registros. Maus-tratos e homicídio aparecem na sequência, com 148 e 35 casos, respectivamente.

Já quando a violência é psicológica, a humilhação está no alto da lista. Foram 659 denúncias levadas à central em 2014. Em segundo lugar, vem a hostilização (592), seguida por ameaça (349), calúnia/injúria/difamação (149) e perseguição (111).

Os tipos de violações contra LGBT mais recorrentes no ano passado foram: discriminação, com 864 registros (85,29%); violência psicológica, com 781 (77,10%) e violência física, com 284 (28,04%).

No acumulado, o número de denúncias de violência homofóbica recebidas pelo serviço foi de 1.013, 40% a menos do que em 2013 (1.695 registros).

País de contradições

Na análise do antropólogo e ativista Luiz Mott, o Brasil é permeado por contradições.

— O Brasil tem um lado cor-de-rosa: a maior parada gay do mundo, a maior e mais dinâmica associação LGBT do mundo [ABGLT], as novelas estão cada vez mais incluindo personagens gays, lésbicas e trans. Há ainda conquistas institucionais importantes, como o casamento homoafetivo, o nome social para travesti em mais de 20 entidades, universidades e até Ministério Público. Mas, ao mesmo tempo, há um lado vermelho sangue, que é representado pelos assassinatos. Diferentemente do Irã, do Sudão, onde há pena de morte contra os homossexuais, o Brasil não tem legislação punitiva, mas aqui se mata muitíssimo mais do que nos países onde há pena de morte.

Para a especialista em questões de gênero, escritora, psicanalista e professora da USP (Universidade de São Paulo) Edith Modesto, o aumento da aceitação das diferenças de orientação sexual por parte da sociedade e a maior incidência do tema nos meios de comunicação explicariam, de certa forma, as reações violentas contra a população LGBT.

— As pessoas com problema, que costumamos chamar de homofóbicas, ficam muito amedrontadas quando veem que isso está caminhando. É uma dialética. A coisa está melhorando por um lado, o respeito é maior, está havendo um movimento interno nas pessoas de aceitação, de acolhimento das diferenças. Por outro lado, aqueles que já têm o problema mais acentuado ficam apavorados e começam até a recrudescer. Então, o preconceito vira rejeição, intolerância e passa da paixão para a ação. Assassinato, agressão física, xingamento.

Na avaliação da psicanalista, apesar da sensação de que há um retrocesso, hoje o homossexual "existe" socialmente.

— O homossexual já "existe". Mesmo que a pessoa não aceite. Antes, ele nem podia existir, não era um sujeito, tinha que viver à margem da sociedade, porque não tinha um lugar como cidadão. As coisas melhoraram um pouco. Mas pouco.

A professora da USP entende que a intervenção do Estado na questão, por meio de projetos e de leis, é fundamental para contornar o problema das agressões contra os LGBTs e para evitar que essa população fique à margem.

— Eu luto para ter uma casa de passagem para jovens, para que eles possam estudar, viver fora da família enquanto houver essa dificuldade [...] Penso também que temos que ter leis que protejam as diferenças. Por exemplo, as diferenças étnico-raciais estão protegidas. As diferenças de orientação sexual e de identidade de gênero não estão. A proteção legal é fundamental. É preciso leis que protejam essas pessoas para que elas sejam respeitadas mesmo por aqueles que não são a favor das diferenças.

Luiz Mott também enfatiza a urgência na aprovação de leis para frear a violência anti-homossexual, que, segundo estatísticas do GGB, atingiu nos últimos quatro anos patamares nunca vistos — média de 310 assassinatos anuais.

— Do mesmo modo que hoje em dia todo mundo se policia para não fazer piada racista, eu tenho muita convicção de que a penalização da homofobia com multa e com prestação de serviços em Organizações Não Governamentais LGBT vai ter um impacto importante, sobretudo, com o apoio da mídia e com o governo fazendo seu papel.

Além de legislação que garanta a cidadania da população LGBT, Mott defende como medida de erradicação dos crimes homofóbicos, a educação sexual para ensinar o respeito aos direitos humanos dos homossexuais e a exigência de que a polícia e a Justiça investiguem e punam esse tipo de crime. Para ele, é importante ainda que gays, lésbicas, travestis e transexuais evitem situações de risco.

Ana Cláudia Barros

Acesse no *site* de origem: Homofobia motivou um assassinato a cada 27 horas em 2014 no Brasil (R7, 16/03/2015)
Instituto Patrícia Galvão © 2017 Fone: (11) 3266.5434 / Email: contato@patriciagalvao.org.br Política de privacidade – Termos de uso – Desenvolvimento Qualità Comunicação

Fonte: <http://noticias.r7.com/cidades/homofobia-motivou-um-assassinato-a-cada-27-horas-em-2014-no-brasil-16032015>

Anexo F

318 LGBTS FORAM MORTOS EM 2015 NO BRASIL E VOCÊ TAMBÉM É RESPONSÁVEL POR ISSO

No mesmo ano, denúncias de violência contra a população LGBT aumentaram 94% em comparação a 2014
- Uma morte LGBT é registrada a cada 28 horas
- O Brasil é o país que mais mata travestis e transexuais no mundo
- Estima-se que no Brasil aconteça, diariamente, ao menos 5 denúncias de violência homofóbica
- Estima-se que no Brasil, em 2015, 318 pessoas foram mortas vítimas de homofobia

Há 26 anos, a exclusão da expressão "homossexualidade" da Classificação Estatística Internacional de Doenças e Problemas Relacionados com a Saúde (CID), da Organização Mundial da Saúde (OMS), motivou a criação do Dia Internacional Contra a Homofobia, no dia 17 de maio de 1992.

Passadas quase três décadas desde a criação da data, quais foram os ganhos alcançados no combate à homofobia no Brasil?

Para abordar o tema, um balanço divulgado pelo Grupo Matizes sobre Denúncias de Violações de Direitos Humanos, especificamente sobre a população LGBT, avalia o número de denúncias registradas pelo Disque 100 em 2015 (Canal de denúncias criado pela Secretaria de Direitos Humanos).

O resultado expõe apenas a urgência de políticas públicas direcionadas à conscientização, inclusão social e prevenção da violência que acomete a população: após mais de 131 mil denúncias de violação dos direitos humanos, 2.964 foram direcionadas a grupos LGBT. Resultado que corresponde a um aumento de 94% de reclamações quando comparado ao ano de 2014 (2.143).

Violência nas ruas, violência virtual: Brasil um país de todos?

Segundo o relatório apresentado pela Secretaria de Direitos Humanos, se comparado ao primeiro semestre de 2014, constata-se um aumento significativo de discriminação relacionada à orientação sexual e identidade de gênero. No rol de denúncias, 47% foram registradas na internet, enquanto 53% ocorreram na vida real: nas ruas, escolas, universidades, festas, empresas e demais setores de uma sociedade que se nega a tolerar a diversidade.

LGBT

Disque 100 - Tipo de Violação mais recorrente de LGBT						
ANO	DISCRIMINAÇÃO	VIOLÊNCIA PSICOLÓGICA	VIOLÊNCIA FÍSICA	NEGLIGÊNCIA	OUTRAS VIOLAÇÕES	Total
2014	40,32%	36,44%	13,25%	3,69%	6,30%	100%
2015	53,85%	26,42%	11,54%	2,77%	5,43%	100%
2014	864	781	284	79	135	2143
2015	1596	783	342	82	161	2964

Créditos: Reprodução
Relatório divulgado pela Secretaria de Direitos Humanos referente às denúncias de 2015
Fonte: <https://catracalivre.com.br/geral/cidadania/indicacao/318-lgbts-foram-mortos-em-2015-no-brasil-e-voce-tambem-e-responsavel-por-isso/>

Impressão:
Evangraf
Rua Waldomiro Schapke, 77 - POA/RS
Fone: (51) 3336.2466 - (51) 3336.0422
E-mail: evangraf.adm@terra.com.br